中国经济文库 · 应用经济学精品系列（二）

王　康◎著

孵化器促进企业创新的效应与机制研究

The Effects and Mechanisms of Incubator on Enterprise's Innovation

中国经济出版社
CHINA ECONOMIC PUBLISHING HOUSE
北　京

图书在版编目(CIP)数据

孵化器促进企业创新的效应与机制研究/王康著
.--北京:中国经济出版社,2021.7
ISBN 978-7-5136-6546-9

Ⅰ.①孵… Ⅱ.①王… Ⅲ.①企业孵化器-企业创新-研究-中国 Ⅳ.①F279.244.4

中国版本图书馆 CIP 数据核字(2021)第 144284 号

责任编辑 张利影
责任印制 巢新强
封面设计 华子图文

出版发行 中国经济出版社
印 刷 者 北京捷迅佳彩印刷有限公司
经 销 者 各地新华书店
开　　本 710mm×1000mm 1/16
印　　张 13.5
字　　数 200 千字
版　　次 2021 年 7 月第 1 版
印　　次 2021 年 7 月第 1 次
定　　价 78.00 元
广告经营许可证 京西工商广字第 8179 号

中国经济出版社 **网址** www.economyph.com **社址** 北京市东城区安定门外大街 58 号 **邮编** 100011

前　言

自1987年以来，我国科技企业孵化器从无到有，实现了蓬勃发展，成为我国科技创新的重要动力。近年来，党中央和国务院出台了一系列政策文件，孵化器的重要性得到进一步强化，将在推动“大众创业、万众创新”和实施创新驱动发展战略中发挥战略性作用。但是，我国孵化器发展过程中存在的机制落后、过度投资、低效竞争等问题严重阻碍了孵化器的长远发展。本书深入分析了孵化器在促进企业创新方面的实际作用与具体机制，以期挖掘孵化器发展中存在的主要问题与不足，为提高孵化器运营效率、充分发挥其对企业创新的促进作用提供经验证据支持。

随着科技企业孵化器发展的日益成熟，学术界对孵化器的关注度日益提高，越来越多的学者致力于探讨孵化器推动企业创新的机制与效果。但是，相关研究尚处于起步阶段，且主要局限于定性研究，缺少系统而严谨的定量分析。有鉴于此，本书以独特的大型微观数据集为基础，运用多种前沿统计方法，就孵化器对企业创新的促进作用进行准确、全面的测度，并深入考察效用得以发挥的两类机制——微观机制和空间机制。本书以实证分析为核心对孵化器促进企业创新进行系统研究，力图达到以下两个主要目的：其一，在我国具体情境中检验和提炼相关理论，为孵化器的进一步发展提供理论指导；其二，以经验分析结果为基础，从微观层面和空间层面探讨孵化器发挥作用的主要机制，从而为构建合理、有效的孵化体系提供实践指导。其中，构建孵化体系要达到的目标是：微观层面实现精准孵化、中观层面促进区域协同创新、宏观层面助力创新型国家建设。

在梳理文献的基础上，本书首先对孵化器的促进作用进行一般性分析，以初步考察孵化器的作用效果。具体来讲，本书克服已有研究在数据条件、研究方法及变量选取等方面的不足，基于中关村海淀科技园企业数据集，运用倾向得分匹配—双重差分模型，实证检验孵化器对企业创新投入、创新产出、创新效率、企业生产率以及非技术创新的影响，并分别利用 CDM 模型和 FGLS 估计方法进行稳健性检验。研究发现，孵化器对企业创新具有明显的促进作用，且这种作用在创新过程的各个阶段存在一定差异，主要表现为：随着创新过程的推进，孵化器的促进作用逐渐减弱，其在在孵企业对接市场、实现科技成果转化方面表现欠佳。

考虑到孵化器的促进作用可能会受到企业异质性、时间、地区特征等因素的影响，本书进一步借助强大的微观数据优势并运用多种前沿统计方法来深入考察孵化器促进企业创新的异质性效应。从微观视角，主要考察孵化期限、所有制性质、所属行业、企业规模、企业创新发展阶段等因素所引起的异质性。而在宏观层面，本书重点考察时空变化所产生的影响。考察孵化器异质性作用的目的在于寻找孵化器发挥作用的具体规律，从而为实现精准孵化和合理配置孵化资源提供科学依据。微观分析表明，孵化器具有促进企业创新的长效机制，但孵化期限并非越长越好，退出机制有待完善；孵化器在各行业的作用具有明显差异，专业化、垂直化孵化模式有待加强；孵化器的作用随着企业规模的增加呈倒“U”型变化，小微企业“孵化难”问题亟待解决；不同创新水平分位点呈现出“中间好、两头弱”的特点，孵化全链条建设势在必行。时间层面的分析表明，孵化器的全国总体效应在不断增强，但近年来已经逐渐减弱，其主要原因是新常态下带来的阵痛和各地区对孵化器过度投资。在空间层面上，孵化器产业的地区不均衡与辐射扩散并存，部分地区过度投资可能限制全国孵化器的蓬勃发展。

在详细考察效应的基础上，本书进一步全面探讨孵化器促进企业创新的内在机制。其中，微观机制包括管理效率、人才结构、融资水平、产学研协作、行业资源与科技成果转化六个方面，而空间机制则主要是创新资源跨区域流动所产生的溢出效应。微观机制方面，基于中介效应模型，本书发现孵化器通过六个微观机制发挥着对企业创新的促进作用。同时，产学研协作和科技成果转化等机制还存在明显的薄弱环节，完善这些机制是发挥孵化器促进作用的关键。空间机制方面，本书首次提出了孵化器在促进企业创新方面存在空间溢出效应这一假说，随后利用动态空间杜宾模型进行实证检验，其作用在于：完善关于孵化器作用机制的研究，为更好地发挥孵化器在促进创新资源跨区域流动和推进区域协同创新方面的作用提供理论指导。研究发现，孵化器对企业创新存在正向空间溢出效应，且近年来表现得更加明显。基于这一判断，本书深入探讨了孵化器在区域创新体系建设与区域协同创新中的重要作用。

以研究结论为基础，本书从以下几个方面提出了针对性的政策建议，以期促进孵化器发展、发挥其在落实创新驱动发展战略中的应有作用：第一，探讨符合科技企业创新规律的孵化路径，进一步强化孵化器在产学研协作和科技成果转化方面的作用；第二，根据企业差异化特征实施精准孵化，不断探索孵化器的运营模式和盈利机制，推进孵化器资源的优化配置；第三，积极探索新型孵化模式，支持孵化器多元化发展；第四，因地制宜、科学合理布局，发挥孵化器在区域创新体系建设和区域协同创新发展方面的促进作用。

王康

2020 年 10 月

目　录

第1章 导 论

1.1 研究背景及意义

1.1.1 研究背景

科技企业孵化器（包括众创空间等孵化载体，以下简称“孵化器”）是培育中小型科技企业的摇篮，是国家创新体系和国家发展战略的重要组成部分。我国第一家孵化器成立于1987年，此后30年中孵化体系日臻完善，孵化服务不断升级，孵化绩效快速提升，成为我国科技创新的重要促进力量。目前，孵化器已经实现了集聚式发展，逐渐形成京津冀、长三角、珠三角等几个重要的孵化器集聚区，且省级地区80%以上都建立了孵化器体系。同时，孵化器在激活地区创新要素、促进创新资源跨区域流动、推动区域协同创新方面发挥了日益重要的辐射带动作用。孵化器的蓬勃发展营造了创新创业良好氛围，为高新技术产业发展提供了强大助力。

新时代，党中央、国务院将创新驱动发展战略和“大众创业、万众创新”提升到国家战略高度，这进一步凸显了孵化器的重要性。在国务院出台的《关于发展众创空间推进大众创新创业的指导意见》《关于大力推进大众创业万众创新若干政策措施的意见》等文件中，孵化器被定位为推动“大众创业、万众创新”的有力抓手和加快实施创新驱动发展战略的重要载体。但是，近年来孵化器行业已经出现了较为严重的过度投资和同质化竞争现象，这导致“产能过剩”问题与结构性供需矛盾日益严峻。同时，运营模式落后、盈利机制不健全等弊端逐渐凸显，这给孵化器行业的长远发展及其对创新创业促进作用的发挥带来了极大挑战。

面对孵化器战略地位日益重要与孵化器发展逐渐受阻这一矛盾，我们需要着重思考如下问题：国家关于孵化器发展的政策有何效果？孵化器在促进企业创新、培育科技企业方面发挥了何种作用？当前孵化器存在哪些问题和薄弱环节？现阶段应当如何进行调整才能充分发挥孵化器对创新的促进作用？在实施创新驱动发展战略、建设创新型国家这一背景下，探讨这些问题变得更加重要。

近年来，学术界对孵化器的关注度日益提高，且越来越多的学者致力于考察孵化器的运行机制与效果。但是，相关研究尚处于起步阶段，且主要局限于定性研究，关于孵化器的定量分析较为缺乏。同时，现有实证研究在数据和方法方面都存在明显不足，严重影响了研究结果的可靠性和合理性。本书尝试在这一方面进行改进，以图推进对孵化器的系统实证研究，最终为认识和促进孵化器发展提供更好的理论与经验支持。具体地，本书以大型微观数据集为基础，综合运用多种前沿统计方法，准确、合理估计孵化器对企业创新的促进作用，并通过考察微观机制和空间机制来完善对孵化器作用机制的研究。

1.1.2 研究意义

1. 理论意义

本书按照“是什么—为什么—怎么办”的研究思路，系统研究了孵化器促进企业创新的效应与机制，在诸多方面弥补了现有研究的不足，丰富和完善了孵化器与企业创新的相关理论，具有比较重要的理论意义。

第一，从数据条件、研究方法以及异质性分析等方面完善了关于孵化器促进企业创新的效应测度。与现有的研究使用问卷调查数据或省级面板数据不同，首先，本书利用大型微观数据集考察孵化器促进企业创新的效应与机制，能够有效提高研究结论的可靠性和合理性。同时，已有文献的研究方法或多或少存在一定的内生性和样本选择偏差问题。其次，本书综合采用多种前沿统计与计量方法，通过相互间比较可以消除这些问题所产生的影响，从而保证研究结论的稳健性。最后，本书详细分析了孵化器对企业创新的异质性作用。特别地，依托于独特的微观数据集与多种研究方法，本书不仅从孵化时间、企业所有制、行业特征、企业规模等微观层面进行了考察，而且还探讨了经济基本面、地区特征等宏观因素所引致的异质性效应。通过这些分析，可以进一步加深对孵化器作用的认识与理解，从而有助于企业经营者孵化策略的制定、孵化器经营者的孵化模式选择以及政策制定者的合理决策。

第二，从理论和实证两个角度、微观机制和空间机制两个方面完善了关于孵化器作用机制的相关研究。现有关于孵化器作用机制的研究主要侧重于定性分析，而为数不多的定量分析在研究视角、所用数据、研究方法等方面均存在一定程度的不足。本书以大型微观数据集为依托，使用中介效应模型探讨了微观层面的六种作用机制，并且比较分析了各种机制的作用大小。这不仅能够丰富和完善相关理论，而且有助于从各个方面发掘孵化器目前存在的主要问题。同时，与已有的研究仅考虑孵化器的直接作用不同，本书从空间的视角出发，系统研究了孵化器促进企业创新的空间机制。具体地，本书利用空间计量模型分析了孵化器促进企业创新的空间溢出效应以及空间影响机制，如此可完善对孵化器影响机制的相关研究，避免错误估计孵化器的促进作用。

2. 现实意义

立足实践、扎根中国特色市场环境是本书的重要特色。本书在具体情境下考察孵化器促进企业创新的效应与机制，并将研究结论与我国实际情况紧密对应，因而对现实问题具有重要的指导作用。

第一，深入研究企业特征差异所引致的孵化器异质性作用，发掘孵化过程中的薄弱环节，并探讨能够实际落地、具有可操作性的孵化策略，能够为企业经营者、孵化器经营者以及政策制定者提供必要帮助。对于企业经营者而言，其可以根据自身特点合理制订孵化计划以及合理的孵化策略。对于孵化器经营者而言，其可以根据在孵企业特征合理配置孵化资源和调整孵化模式，从而改善服务质量、提高孵化效率，并提升自身的盈利能力和可持续性。对于政策制定者而言，其可以对孵化器进行科学评估和有效管理，从而为孵化器产业发展提供更加合理、可行的政策与规划。

第二，正确和全面地把握孵化器促进企业创新的效应与机制，能够为旨在充分发挥孵化器促进作用的后续规划和相关政策制定提供指导。孵化器产业一直处于不断发展和升级之中，孵化体系日趋完善，作用机制也更加多样化。本书从微观机制和空间机制两方面进行了考察，这有助于发掘孵化器存在的问题与不足，并找准适用于创新驱动发展战略的发展方向。只有正确理解孵化器的影响机制并明确需要补强的短板和不足，才能通过相关规划和政策正确引导孵化器发展，有效发挥其对企业创新的促进作用。

1.2 研究思路及内容

在实施创新驱动发展战略与促进“大众创业、万众创新”这一背景下，必须加快完善孵化器体系建设，充分发挥其对企业创新的促进作用。本书旨在系统考察孵化器促进企业创新的效应与机制，以判断现有孵化器体系的发展成效与不足，并从中寻找加以改善的方向。具体地，本书将按照“是什么—为什么—怎么办”的思路展开研究：首先，从创新投入、创新产出、创新效率等方面出发，测度孵化器对企业创新的促进效应，并进一步从微观视角和宏观视角探讨其异质性影响；其次，综合采用理论分析与实证分析方法，从微观机制与空间机制两个方面考察孵化器促进企业创新的具体机制与影响路径，并发掘其中存在的主要问题与不足；最后，根据研究结论，并结合我国孵化器产业发展的实际情况，提出旨在提高孵化器体系运行效率、强化孵化器对创新的促进作用的一系列政策建议。

本书的研究框架和技术路线如图 1-1 所示，各章节主要内容如下：

第 1 章为导论。本章重点论述本书的研究背景与意义，从中提炼研究思路与研究内容，并说明研究方法以及可能的创新之处。

第2章为理论基础与研究综述。首先，结合市场失灵、比较优势、规模经济、企业生命周期、产业集群、社会网络等相关理论，归纳孵化器产生和发展的理论基础。其次，从概念与分类、运行机制、绩效评估、现状及存在的问题等方面对现有的文献进行梳理。最后，对已有的研究进行综合性评述，从而明确本书研究起点与边际贡献。

第3章为孵化器促进企业创新的基础分析。本章突破已有的研究在数据条件、研究方法以及变量选取等方面的局限，采用中关村海淀科技园企业数据集这一大型微观数据集①，并运用较为前沿的倾向得分匹配—双重差分模型（PSM-DID），实证检验孵化器对创新投入、创新产出、创新效率、企业生产率等创新过程的各主要阶段以及非技术创新（包括组织创新和营销创新）的影响效应，从而实现对于孵化器对企业创新促进效应较为精确和全面的检验。此外，还借助CDM模型以及可行广义最小二乘方法进行稳健性检验。本章旨在初步揭示孵化器对企业创新的作用效果，并为异质性效应和促进机制等后续一系列章节的具体展开做铺垫。

第4章从微观视角考察孵化器促进企业创新的异质性效应。在基础分析的基础上，本章从孵化时间、企业异质性等微观层面探讨孵化器的异质性作用。首先采用动态扩展的PSM-DID模型和广义倾向得分匹配模型考察企业创新水平随入孵时间的变化，其次运用门限面板模型、分位数PSM-DID模型等从所有制性质、行业特征、企业规模、企业创新发展阶段等视角出发进行考察，从而详尽考察孵化器对企业创新的异质性影响。本章的作用在于揭示孵化规律与特点，发掘其中存在的问题与不足，从而为实施精准孵化和优化配置孵化资源提供可靠依据。

第5章从宏观视角分析孵化器促进企业创新的异质性效应。本章主要分析孵化器促进企业创新所存在的时间差异与地区差异，以便为从全国层

① 本书同时采用微观数据（中关村海淀科技园企业数据集）和宏观数据（省际面板数据）来实证研究孵化器促进企业创新的效应与机制。正如下文所论述的，中关村海淀科技园企业数据集具有较高的科学性、严谨性和代表性，可以在较大程度上支持结论的一般性，并且可以与宏观层面的实证结论相呼应。

面优化孵化体系建设和合理配置孵化资源提供指导。首先，对孵化器产业的动态发展与空间布局进行一般性描述，并从全国视角考察孵化器对企业创新的促进作用，以判断“孵化器对企业创新有促进作用”这一结论是否普遍成立。其次，采用非参数面板时变系数模型考察孵化器促进效应的动态变化。最后，分地区考察孵化器的促进作用，并结合所有制等地区特征剖析地区差异形成的原因。

第 6 章为孵化器促进企业创新的微观机制。在效应（包括异质性效应）分析的基础上，本章系统考察了孵化器对企业创新促进作用得以发挥的微观机制。首先，基于现有相关理论归纳总结可能的作用机制，具体提炼出管理效率、人才结构、融资水平、产学研合作、行业资源获取以及科技成果转化六大机制。同时，借助于独特数据集和可行分析方法，运用中介效应模型对各个机制（包括内部结构）进行实证检验，并发掘其中存在的不足以及可能的改进方向。

第 7 章为孵化器促进企业创新的空间机制。基于孵化网络理论、孵化器集群理论以及区域间技术溢出理论，本书首次提出“孵化器对企业创新的作用存在空间溢出效应”这一假说。随后，采用动态空间杜宾模型对空间溢出效应（包括长期和短期）是否存在进行检验，并探讨这种空间效应发挥作用的具体路径。一方面旨在完善孵化器促进企业创新的机制研究，另一方面为进一步更好地发挥孵化器在活跃创新资源、促进创新资源跨区域流动、推动区域协同创新中的重要作用提供科学指引。

第 8 章为研究结论与政策建议。首先，对本书的研究进行总结，提炼出主要的研究结论。其次，以研究结论为基础，结合我国孵化器产业发展的实际情况，提出有助于提升孵化器运行效率并发挥其对创新的促进作用的可行性政策建议。最后，对本书的不足以及以后的研究方向进行了分析与展望。

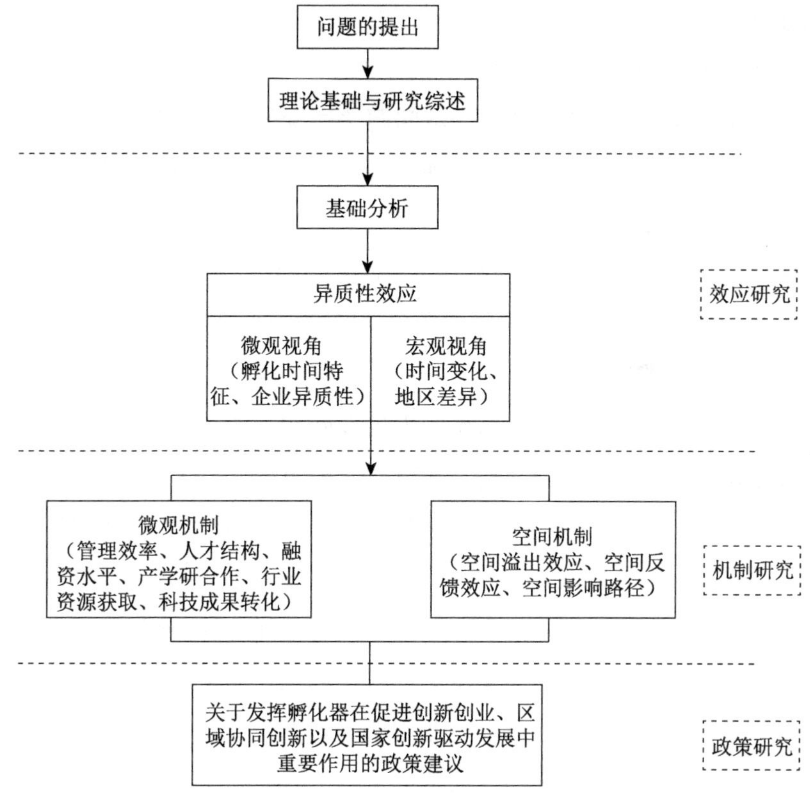

图1-1　本书研究框架与技术路线

1.3　研究方法

本书采用以实证研究为主体、理论与实证相结合的研究范式。扎实的实证研究需要以灵活可靠的模型方法为支撑，因此，本书注重发挥数理统计的模型方法优势，在实证研究中根据研究问题的不同，灵活采用严谨、稳健、多样、前沿的一系列模型方法，一方面力求实证结果具有较高的可靠性和严谨性，另一方面提高模型的可解释力，旨在得出真实、丰富、有价值的研究结论。具体来讲，本书实证研究过程中所涉及的模型方法可以概括为微观计量模型、变系数模型、空间计量模型和联立方程模型，具体介绍如下：

1. 微观计量模型

近年来，随着学者们对微观经济问题关注度的提高以及微观数据可获得性的增强，有关微观计量模型的理论和应用研究越来越多，微观计量模型已经逐渐成为计量经济学领域最重要、最热门的一类模型。本书实证研究中所涉及的微观计量模型有双重差分模型（DID）、倾向得分匹配—双重差分模型（PSM-DID）以及广义倾向得分匹配模型，该三类模型均为十分重要且前沿的微观计量模型。

企业选择进入孵化器具有明显的内生性问题，能否解决该问题直接决定研究结论是否可靠，遗憾的是，在孵化器绩效的研究中，几乎所有学者均忽视了这一点。本书根据研究需求和数据特点选用微观计量模型中解决内生性的重要模型——双重差分模型（DID），既考虑了孵化企业与非孵化企业在创新能力上的不同，又比较了孵化企业在入孵前后的系统性差异，因而可以有效规避因遗漏变量所带来的内生性问题。所以，本书首先采用双重差分模型测度孵化器对企业创新的影响效应，以期有效解决内生性问题，得到较为准确可靠的研究结论。

进一步地，企业入孵存在内生性的同时还存在“自选择问题”。鉴于此，在双重差分模型的基础上，为克服“自选择问题”带来的研究偏差，本书继续采用倾向得分匹配—双重差分模型（PSM-DID）来测度孵化器对企业创新的影响效应，其优势在于：一方面，双重差分模型解决了内生性问题；另一方面，倾向得分匹配方法可以使实验组和对照组企业满足共同趋势假设，同时也消除了企业异质性带来的样本选择偏差。所以，两种方法的有机结合成为测度孵化器促进企业创新效应的有力工具。此外，已有有关 PSM 方法的应用研究多见于平衡面板，而将其应用于非平衡面板的情形却比较少见，这成为本书的一个重要探索。

最后，在考察孵化企业在入孵前、孵化中以及毕业后的创新绩效时，本书采用广义倾向得分匹配模型。该模型是在 PSM 模型基础上演化而来的，属于一类比较前沿的微观计量模型，主要用于估计有序取值或多分类情形下的平均因果效应。

此外，为提高实证结果的稳健性，本书对每一个实证过程均同时采用传统 DID 和 PSM-DID 两种模型进行稳健性检验。总之，本书采用这三类微观计量模型来测度孵化器对企业创新的影响效应具有较高的严谨性。

2. 变系数模型

现实中，在不同的情况下，A 变量可能会对 B 变量有不同的影响，或者说 A 变量对 B 变量的影响很有可能会随着某一个或几个变量的变化而发生变化。那么反映在统计模型中，我们自然需要求取某一变量不同取值下的差异化系数。分样本实证是解决异质性特征的最原始手段，直到今天依然是实证研究中的常用做法。然而，考虑到分样本实证的诸多不足，学者们开始尝试采用设置交互项、门限模型等方法来求取变系数（包括测算非线性影响）。于是，变系数模型逐渐成为计量经济学研究的焦点之一（本书不恰当地将此类模型统一称为变系数模型）。考虑到测算孵化器对企业创新异质性影响效应的需要，本书系统总结当前常用的以及比较前沿的变系数模型，在此基础上，根据研究问题来灵活选用合适的变系数模型。比如，本书采用设置交互项的方法来考察所有制性质、孵化期限等对孵化绩效的影响，采用比较前沿的非参数面板时变系数模型考察孵化绩效的动态变化，采用固定效应变系数模型考察孵化绩效的地区差异，采用门限面板模型考察孵化绩效随企业规模的非线性变化，等等。

3. 空间计量模型

随着新经济地理学的发展以及空间问题研究重要性的提高，空间计量模型已经成为计量经济学理论和应用研究领域的又一重要模型。为弥补现有研究没有考虑孵化器空间影响路径的不足，本书在孵化器研究中首次采用空间计量模型来完善空间视角下孵化器对企业创新的影响机制，并进一步探讨孵化器如何更好地发挥在区域协同创新中的重要作用。具体来讲，本书主要是运用动态空间杜宾模型来实证检验孵化器对创新影响的空间溢出效应，并探寻孵化器对企业创新的空间影响路径。动态空间杜宾模型属于比较前沿的空间模型，相较于普通空间杜宾模型而言，能够更好地提高估计精度，增强模型解释力。

4. 联立方程模型

实际研究中我们经常需要采用联立方程模型来研究多变量之间的互动关系或传递关系。本书所采用的三阶段递推 CDM 模型和中介效应模型均属于联立方程模型。考虑到三阶段递推 CDM 模型可以通过对企业创新的各主要阶段设置不同的方程来实现对创新过程的描述，本书将 PSM-DID 模型嵌入三阶段递推 CDM 模型，即采用改进的三阶段递推 CDM 模型来测度创新过程视角下孵化器对企业创新的影响效应；同时考虑到中介效应模型可以有效考察变量间的中间传导效应，本书采用中介效应模型来实证检验孵化器促进企业创新的微观机制。

以上就是本书实证研究中所应用的 4 类模型。此外，本书在实证研究中还多次通过调整模型估计方法来确保研究结论的稳健性。总之，本书力求使用合适、严谨的模型方法来支撑本书的实证研究，以期得出真实、全面的研究结论。丰富多样的模型方法也成为本书的重要特色。同时，本书也期望所采用的各类模型能够在相关研究中具有较高的可推广性。

1.4 研究的创新之处

本书以定性与定量、理论与实践、微观与宏观等多方面相结合的研究方式来系统地研究孵化器对企业创新的促进效应及内在机制。具体来讲，本书的创新之处可以概括为以下几点：

1. 使用大型微观数据集，并灵活采用多种前沿统计模型，提高了研究结论的精确性和可靠性

有关孵化器的绝大多数研究仅限于采用问卷调查数据或者省级面板数据，前者仍属于定性研究的范畴，后者的宏观数据尚不能精确刻画孵化器的微观行为。而为数不多的采用企业微观数据的研究在数据条件、研究方法、变量选取等方面存在一定缺陷，其研究结论的精确性和可靠性值得商榷。为此，本书首次以中关村海淀科技园企业大型微观数据集为基础开展

研究，其具有诸多优势：第一，该数据集来源于官方统计数据，权威性高，同时，样本量大、样本分布均匀且小微企业众多、时间跨度长、信息丰富，以此为样本具有较高的科学性；第二，海淀科技园是我国科技创新中心的核心区，企业创新活动十分活跃且孵化体系较为成熟，以此为研究对象具有较好的代表性；第三，与目前采用微观计量方法进行政策评估的文献基本均基于全国或区域样本的做法不同（刘瑞明和赵仁杰，2015)，以海淀科技园这一特定区域的企业为研究样本，天然排除了因地理位置不同而引起的环境因素对研究结论的干扰，从而可以在较大程度上规避内生性所带来的估计偏差，同时，作为一个典型园区的案例研究，其所得结论更加具体细致。总之，以此为样本来研究孵化器促进企业创新的效应与机制具有较高的科学性、严谨性和代表性①。

同时，针对企业微观数据，本书在孵化器研究中首次采用 PSM-DID 等多种较为前沿的微观计量模型，其对于克服内生性、提高实证结果精确性而言具有重要作用。除此之外，本书根据研究问题的不同，灵活采用严谨、稳健、多样、前沿的一系列模型方法，一方面力求实证结果具有较高的可靠性和严谨性；另一方面提高模型的可解释力，得出真实、丰富、有价值的研究结论。

2. 在中国特色市场环境下深入分析异质性效应，完善了孵化器促进企业创新的效应研究

在促进企业创新的过程中，孵化器的作用会受到孵化时间、所有制类型、行业特征等微观因素以及经济基本面、地区特征等宏观因素的影响。

① 本书认为中关村海淀科技园企业数据集具有较好的代表性，其原因还有以下几点：第一，虽然从地理位置上看，中关村海淀科技园企业仅局限于园区内，但是园区内很多企业实际上是服务全国、辐射全国的，尤其是对于科技企业而言，对外输出特征非常明显，并且存在很显著的区域间技术溢出现象，所以，从一定程度上看，中关村海淀科技园企业可以代表全国的很大一部分企业。第二，本书在写作过程中经常考虑中关村海淀科技园企业与其他地区企业的相似性与差异性。孵化器是政府支持科技创新的政策工具，考察孵化器相关政策是研究孵化器地区差异的重要途径。笔者考察了全国多个地区的孵化器支持政策之后，发现中关村海淀科技园孵化器与其他地区的孵化器在政策方面并没有十分显著的差异，所以，这在一定程度上说明中关村海淀科技园具有较好的代表性。第三，本书还将通过描述性统计分析来考察全国各地区孵化器相关数据的差异，这也可以较好地说明中关村海淀科技园的代表性问题。

但是，现有研究大多忽视了孵化器的异质性作用，甚少有文献对其进行系统的考察。对此，本书借助微观数据集的优势以及多种统计方法的适用性，从微观和宏观两个视角对孵化器的异质性促进作用进行全面考察。同时，结合我国市场环境对检验结果进行深入分析，以发掘当前孵化器发展的优势与不足，为后续高质量发展和优化资源配置提供方向指引。

3. 引入空间溢出效应，完善了孵化器促进企业创新的机制研究

孵化器在推动区域协同创新和区域经济协调发展中的作用日益增强，其对企业创新的作用不再局限于企业内部，而是呈现出明显的空间溢出特点。研究孵化器促进企业创新的空间机制，对于完善关于孵化器作用机制的研究以及发挥孵化器在区域协同发展中的重要作用具有重要的理论和现实意义。然而，目前有关孵化器的研究大多局限于孵化器或在孵企业的单一视角，而将孵化器放到区域范围内的研究较为缺乏（朱云浩，2014），对空间溢出效应的探讨更是空白。本书首次在孵化器研究中引入空间溢出效应，探讨孵化器促进企业创新的空间机制，在弥补现有研究不足的同时，可以为后续构建孵化器全国体系并使其有助于促进创新资源跨区域流动和促进区域协同发展提供理论指导与经验证据支持。

第2章　理论基础与研究综述

本章首先结合经济学相关经典理论，归纳总结孵化器产生和发展的理论基础；其次从孵化器的概念与分类、运行机制、绩效评估、现状与存在的不足等方面进行文献梳理和研究综述；最后对已有研究进行综合述评，从而明确本书研究起点与边际贡献。

2.1　孵化器产生和发展的理论基础

考虑到孵化器的产生和发展有着深刻的理论基础，本节将对其进行分析，以期为全书的实证研究提供一个经济学理论框架。在归纳总结已有文献的基础上，本书将孵化器产生和发展的理论基础概括为六大理论，即市场失灵理论、规模经济理论、比较优势理论、企业生命周期理论、产业集群理论及社会网络理论。

1. 市场失灵理论

创新理论的鼻祖熊彼特认为，创新是经济发展的原动力。在当前我国经济发展步入新常态、新旧动能转换迫在眉睫的背景下，创新的重要性更加突出。然而，以罗默为代表的学者提出的内生增长理论认为，知识溢出和技术溢出的存在使得创新产生了市场失灵，即社会收益远大于个人收益。这严重影响投资人的积极性，阻碍了创新活动的顺利开展。市场失灵的存在使得创新资源不能得到优化配置，不利于市场竞争和激励机制的有效发挥，最终不利于经济发展。有鉴于此，阿罗认为，政府的调节机制对于弥补创新市场失灵、促进创新活动的有效开展具有十分重要的意义。

孵化器最初就是政府为解决技术创新市场失灵问题而设立的，是政府支持技术创新、规范创新市场的重要手段。孵化器对创新创业而言具有十分重要的意义，它可以在短时间内快速汇集各方面创新资源为创新企业服务，同时，孵化器是政府提供公共产品和发挥对创新主体的协调作用的重要途径，能够有效解决技术创新的市场失灵问题。当前，孵化器已经发展成为国家创新体系的重要组成部分，并且其重要性正不断提高。当然，政府扶持和公众参与是我国孵化器产业产生和发展的重要特色，随着社会公众不断参与、民间资本不断进入，孵化器的投资主体趋向多元化。

孵化器可以解决技术创新市场失灵的问题，从而增强企业创新动力，尤其是可以激励企业创新投入，本书将实证检验孵化器作为政策工具的政策效果，并通过多角度的异质性检验来分析不同情景下的效果差异，而这对于政府的相关政策制定具有重要意义。此外，孵化器税收优惠政策是当前政府通过孵化器来促进创新创业的重要政策措施，本书也将一并对其进行讨论。

2. 规模经济理论

规模经济理论的起源，最早可追溯至亚当·斯密（Adam Smith）在其著作《国富论》当中的相关叙述。后经诸如张伯伦（Chamberin）、马歇尔（Alfred Marshall）及贝恩（Bain）等著名经济学家的发展后，该理论日趋完善。规模经济的核心内容是反映企业生产规模与产品生产成本之间的规律性。当投入增加、生产规模扩大时，单位产品长期平均成本下降，则规模效应递增；反之，规模效应递减。该理论的实质是探讨企业的规模作业及其对劳动生产率的影响。马歇尔在《经济学原理》一书中将规模经济划分为内部规模经济和外部规模经济。其中，内部经济是指在企业内部，随着生产规模的不断扩大、技术和设备的不断更新，设备使用效率和人员生产效率得到较大幅度的提高，各项费用及各类能耗降低，进而促使产品成本下降，获取内部规模经济。外部经济是指在企业外部，因相似企业地理位置上的集中性，有利于促成相互之间的协作，共同利用诸如公共基础设施等条件，综合利用各项原材料及其他生产资料，从而降低产品单位成本，获得外部规模经济。

目前，我国孵化器的主要功能，是为在孵企业提供经营场所、基础硬件设施，并对在孵企业进行创业培训，提供种子阶段及启动阶段基金，从而能够为在孵企业节省管理费用，享受规模经济为其带来的成本优势，提高在孵企业的竞争力。

3. 比较优势理论

比较优势理论可以分为绝对比较优势理论与相对比较优势理论。其中，绝对比较优势理论由亚当·斯密（Adam Smith）提出，而李嘉图（Ricardo）则在补充绝对比较优势理论不足的基础上提出了相对比较优势理论。相对比较优势理论的核心主旨是：无论一国经济实力强弱或是技术水平高低，都有各自的相对优势。不同的国家、企业将自己所擅长的产品生产出来用于交换时，其效用大于各自独立生产没有交换时的情况。

近年来，随着孵化器增值服务能力的不断提升，我国孵化器的发展正经历着从单纯提供经营场所及基础设施和后勤行政服务的阶段，发展到可以为在孵企业提供创业培训服务和种子基金、启动基金的阶段，再发展到为在孵企业发展提供战略指导、帮助企业进行品牌运营，以及提供公司治理等服务的阶段。尤其是依托政府、科研院校和成熟资本机构的孵化器集团，其能够为在孵企业提供信息、社会网络等资源优势，并以其敏锐的市场嗅觉，为在孵企业发掘具备广阔发展前景的科技创意以及优良的管理经验。同时可以依托投资机构声誉，为在孵企业提高社会影响力与社会信誉度等。而对于在孵企业而言，其无论是在管理经验、社会信誉度还是市场开拓能力等方面，都处于相对劣势的地位。因此，根据比较优势理论，孵化器与创新企业相结合能够促进在孵企业在其所擅长的技术开发领域集中精力，最大限度发挥孵化器对创业企业的辅助作用，从而提高在孵企业的成功率，实现双方互利共赢。

4. 企业生命周期理论

企业生命周期理论可分为两大分支，包括企业生命周期仿生进化论和企业生命周期阶段论。其中，在诸多生命周期阶段论中，影响力较大的包括格雷纳（Greiner）阶段论、丘吉尔（Churchill）阶段论以及爱迪思（Adizes）阶段论。爱迪思在其《企业生命周期》一书中将企业生命周期划分为两个阶段、十个时段。两个阶段为：成长阶段和老化阶段。其中，成长阶段包括企业的孕育时期、婴儿时期、学步时期、青春期和盛年期五个时段，老化阶段包括稳定期、贵族期、官僚前期、官僚期和死亡期。

根据爱迪思的阶段论，处于成长阶段的创业企业，其在创立初期由于缺乏经营管理经验，产品获利能力和企业抵御风险的能力均相对较弱，因而很容易夭折。同时也因为处于早期阶段的初创企业具有较大的技术及市场失败风险，在此阶段，天使基金、风险基金及私募股权基金并没有足够精力和兴趣来筛选和耐心培育该类企业。因此，孵化器的出现很好地填补了资金链条上的空白。孵化器通过专业的眼光挑选可被孵化的企业，并为其提供各类基础设施，先进、统一的管理人员培训服务，以及法律与金融方面的专业支撑，进而提高在孵企业的存活率。同时，将在孵企业聚集起来有利于加强对在孵企业的监督，降低信息沟通成本，便于随时发现在孵企业发展过程中所出现的问题。因此，孵化器能够最大限度地降低在孵企业的经营成本，提高在孵企业的经营效率，进而降低初创企业的失败率。

不仅如此，由于初创期是企业最艰难的时期，因此从理论上讲，孵化器在帮助企业成功度过初创期的同时，也会增强其自我造血能力，为其带来较为强劲的发展动力，从而有利于其长久发展。为此，本书将实证检验企业生命周期视角下孵化器作用发挥的动态变化。

5. 产业集群理论

产业集群（industrial cluster）理论的发展是从现象的观察、描述开始，进而开始分析与引入概念、形成理论。集群是指相关企业在某一特定区域所呈现出的地理集中现象。根据定义，集群的内涵包括经济集聚和地理集聚两个维度。其中，经济集聚是指有共通性质或具有互补性的企业互相联结。地理集聚则是指相关企业在地理空间上形成的聚集。总结前人的研究可知，集群既有优势又有缺陷。就优势而言，集群一方面可以带来更好的生产优势，如以更低的成本获取专业化的投入、参与者之间的互补可以提高生产率、资源结构的整合可以提高生产率等；另一方面则可以提高集群企业的创新能力，包括提高新技术获得性、加快劳动力与资本流动等。集群的劣势则可能包括产业过于相近而造成的恶性竞争、过于拥挤和环境问题等。

对于孵化器而言，其实现了孵化企业的经济集聚与地理集聚两方面的集聚。孵化器不仅能够为孵化企业提供专业人才支持和最新科技支撑，而且通过地理集聚还可以实现共用公共设施等便利，因此孵化器很好地实现了集群效应。此外，产业集群理论还是解释孵化器空间效应的重要基础。

6. 社会网络理论

社会网络理论起源于 20 世纪五六十年代，随着学者们的不断探索，该理论逐渐延伸出了社会资本（social capital）学派和结构洞（structural hole）学派。以布迪厄（Bourdieu）和科尔曼（Coleman）为代表的社会资本学派认为，社会资本是个体之间或者团体之间通过相互联系而形成的资源的增加。而以伯特（Burt）为代表的结构洞学派则认为能够为组织带来竞争优势的地带，往往是网络中关系稠密地带中间的稀疏地带。结构洞的存在促使两个关系稠密的地带不断联结，从而带来新的信息和资源，以及结构的不断重构。由此可见，两种学派在结构的形成和发展模式上的关注点存在着一定的差异。

社会网络能够为创新企业提供获取外部资源的途径，企业可以利用社会网络获取信息、人力等资源，与其他企业建立联结等。孵化器凭借自身优势可以建立新的网络，为孵化企业提供了获取外部资源的平台，进而为孵化企业提供新的竞争优势。具体而言，孵化器具有打通产业链上下游的优势，提供投资机构、金融中介等机构的资金支持，获得政府部门的政策支持，以及来自大学组织、科研院所等的最新技术支持。因此，能为孵化企业提供更多有针对性的匹配性资源，进而促进孵化企业的创新与发展。社会网络是孵化网络得以形成和发展的重要基础，本书将对孵化网络及其作用进行详细的论述。

综上可知，市场失灵理论回答了孵化器产生的必要性，规模经济理论、比较优势理论、企业生命周期理论以及产业集群理论从多个方面提出了孵化器产生并得以较快发展的可能性，最后社会网络理论为孵化网络与孵化绩效的关系提供了理论依据。总之，上述理论构成了孵化器产生和发展的理论基础，同时也是本书所要研究的一系列问题的重要基础。然而，孵化器理论经过三十多年的发展取得了突出的成就，同时也面临着理论升级的挑战。理论来源于实践，实践升华为理论，当前最关键的是需要在中国孵化器实践经验上实现理论的飞跃，以进一步地为孵化器发展提供理论支持。所以，本书通过对中国孵化器对企业创新促进效应和内在机制的全方位实证检验，发掘新问题，探索新规律，提炼新理论，以期推动孵化器理论的新发展。

2.2 研究综述

随着孵化器对于创新创业重要性的日益凸显，学者们对孵化器的关注越来越频繁，概括起来国内外关于孵化器的研究主要集中在孵化器的概念与分类、运行机制、绩效评估以及发展现状与存在的不足等方面。本节将从上述几个方面对现有文献进行梳理。

2.2.1 孵化器的概念与分类

虽然企业孵化器的发展越来越成熟，然而至今尚没有一个统一且权威的定义（Bruneel et al.，2012）。回顾文献，很多机构和学者从不同角度给出了企业孵化器的定义。美国企业孵化器协会（NBIA）、欧洲委员会（EC）、英国企业孵化中心（UKBI）、联合国开发计划署（UNDP）等机构都曾给出过企业孵化器的定义。其中，美国企业孵化器协会和欧洲委员会关于企业孵化器的定义较为相似：孵化器是一个通过为初创企业提供物理空间、咨询服务等多方面管理和服务来帮助初创企业成长和创新的组织。英国企业孵化中心则认为企业孵化器是商业过程、基础设施和人的集合体，旨在孵化和培育初创企业。同时，学术界给出的定义也不尽相同：Lalkaka（1999）、Aemoudt（2002）从孵化器的原始定义出发，认为企业孵化器最主要的功能就是营造一个受保护的环境，初创企业可以在其中得到很好的成长；Hackett 和 Dilts（2004）、Bollingtoft 和 Ulhoi（2005）、ShndLee（2012）等认为孵化器最关键的功能是为在孵企业提供网络化服务。诸多国内学者也尝试给出了企业孵化器的定义，但也不尽相同（钱平凡，2000；林强和姜彦福，2002）。

综上所述，虽然不同的学者和机构给出的定义不完全一致，但从实质来看，科技企业孵化器是一类集中介性、服务性和平台性为一体的组织，其能够为新创企业提供获取资金、技术、市场等丰富创新资源组合的机会，从而可以降低企业风险和成本，最终促进企业成长和企业创新的实现。

孵化器从诞生之日起就呈现出多样化发展趋势，Smilor（1987）、Allen（1990）、Aemoudt（2004）、Grimaldi 和 Grandi（2005）等学者分别从不同角度、按照不同的标准划分了孵化器的类型。马凤岭（2008）则概括地指出，孵化器按照不同的分类标准可以划分为不同的类型，而分类标准可以包括在孵企业所在的技术领域、所有制性质、投资主体、运营模式、孵化对象、是否有经营场地以及单位体制等。

在诸多类型的孵化器当中，专业孵化器是一类重要的孵化器，并且在当前专业分工不断细化的背景下得到迅猛发展。因此，专业孵化器得到了学者们越来越多的关注。Schwartza 和 Homych（2010）、Vanderstraeten 和 Matthyssens（2012）等学者均对专业孵化器的特征和优势进行了研究。国内关于专业孵化器的研究尚比较少见，王勇（2011）系统总结了国外专业孵化器运作的经验，并结合我国的实际情况提出了一系列对策建议；梁云志（2010）研究了专业孵化器的商业模式创新问题；李云鹤和李湛（2010）分析了专业孵化器的孵化机制，总结了我国专业孵化器发展过程中存在的主要问题，并提出应对思路；殷亚文（2015）实证研究了专业孵化器的孵化绩效及内在机制。

近年来，随着我国新技术、新业态、新产业、新商业模式的发展，孵化器领域也涌现出以创新工场、车库咖啡为代表的诸多新型孵化器，营造出新的创新创业氛围。当前，我国出现的新型孵化器主要类型及典型代表如表 2-1 所示。胡兰（2015）对大连高新区的三家新型孵化器（创业工坊、创客空间和东软 SOVO）的运行机制、盈利模式、经验与启示等方面进行了梳理；阮晓东（2015）分析了新型孵化器的产生过程、运行机制以及对我国创新创业的引领作用；唐明凤等（2015）以创新工场为例，详细分析了天使投资型孵化器的商业模式；李常官和聂丽霞（2014）以中关村创新型孵化器为例，分析了关于创新型孵化器运行绩效评价的相关问题。

表 2-1　新型孵化器的主要类型和典型代表

孵化器类型	典型代表
投资促进型	创新工场、车库咖啡和天使汇
创客孵化型	创客空间、柴火空间、点名时间
培训辅导型	联想之星、亚杰商会、北大创业训练营
媒体延伸型	创业家、创业邦和 36 氪
专业服务型	云计算产业孵化器、诺基亚体验中心、微软云加速器
创业教育型	常青藤创业园

同时，随着互联网、大数据、云技术的发展和普及，越来越多的孵化器开始运用互联网思维打造云服务平台，虚拟孵化器不断出现且快速发展。钱平凡和李志能（2000）在国内首次提出发挥互联网在孵化器和创新创业中的重要作用；吕波（2014）梳理了我国虚拟孵化器的理论与实践发展的新动向，并分析了对我国的影响和启示；吕波（2015）提出互联网背景下虚拟孵化将催生线上创业圈、国际化资源圈、社交网络圈、云创业圈等四种网络圈，并且虚拟孵化具有叠圈效应。虚拟孵化器突破了地域的限制，使孵化网络真正地实现了“网络化”，强化了孵化网络的集成平台作用，使得在孵企业可以更加方便快捷地获取外部资源，因而具有十分重要的意义。

2.2.2　孵化器的运行机制

关于孵化器运行机制的研究主要是基于资源基础论来研究两个问题：企业成长和创新需要哪些资源要素？孵化器如何帮助企业获取这些资源要素？林强（2003）发现在孵企业能够获取物理空间、资金、服务等资源，从而促进企业成长和企业创新；Akomak（2009）通过系统总结国内外有关孵化器运行机制的文献，发现孵化器硬件设施、融资服务、人力资本、孵化器形象及其与产业集群互动是孵化器运行的重要影响因素；彭学兵等（2016）认为孵化绩效主要来源于孵化器对创新创业资源的整合作用；Chandra 和 Chao（2011）、Tavoletti（2012）、Somsuk 等（2012）等研究认为孵化器的资金、设施、人才等资源是孵化器促进企业创新的重要源泉；唐明凤等（2016）以创新工场为例，基于价值链理论来分析孵化器的商业模式和运行机制，得出结论：孵化器与在孵企业形成经济与文化的双重反哺机制是双方可持续发展的重要动力。总结上述研究可以发现，孵化器的作用发挥主要取决于筛选有潜力的企业，为其匹配外部资源，促使其与地区产业、文化融合互动等三个因素（林强，2003；Maital et al.，2008；Bruneel，2012）。也就是说，孵化器所拥有的资源及连接资源的能力是孵化器成功运行的关键。

随着孵化器产业的发展，其所提供的资源（服务）类型越来越丰富。Von Zedtwitz 和 Grimaldi（2006）分析了意大利五种不同孵化器的主要服务项目；Bruneel 等（2012）将美国的孵化器划分为三代：第一代主要提供基础设施，第二代主要提供人才、融资、咨询等各种服务，第三代则主要聚焦于网络服务。艾媒咨询公司在《2016 年中国孵化器发展现状专题研究报告》中指出，我国孵化器主要提供 14 种服务，并对其进行了统计分析。

然而，整合外部创新资源，进行网络孵化，已成为新时期孵化模式创新的重要手段（Bruneel and Ratinho，2012）。可见，孵化网络在孵化器运行中的作用越来越重要。鉴于此，学者们逐渐开始将研究重心从孵化器提供的有形资源转移到孵化网络等无形资源上来，即研究孵化网络背景下孵化器的整合和连接社会资源能力。关于孵化网络比较早的论述有，Hansen 等（2000）系统阐述了网络化孵化器的概念和特点；Hackett 和 Dilts（2004）、Aernoudt（2004）等学者详细论述了孵化网络的内涵和本质。

在此基础上，很多学者系统构建了孵化网络理论框架，并基于实际调查数据对孵化网络与在孵企业绩效间的关系进行实证研究。具体地，胡海青等（2013）对孵化网络的成因进行了较为系统的梳理；刘平（2012）在对深圳市南山区孵化器网络进行调研分析的基础上，对网络结构、网络要素和孵化绩效之间的关系进行了实证分析；Soetanto 和 Jack（2013）构建了一个孵化网络分析框架，并基于英国某孵化网络的调查发现，在孵企业能够通过孵化网络获取更多的无形资源，从而促进企业成长和创新；刘成梅和蔡建峰（2016）详细论述了孵化网络、孵化器资源支持、在孵企业资源获取、企业绩效之间的关系机制，并基于江苏省 50 家国家级孵化器的 378 家在孵企业调查数据，采用结构方程模型实证分析了孵化网络嵌入在孵化器资源支持、在孵企业资源获取以及创业绩效中的作用。总结上述研究可以发现，资源基础论和社会网络理论解释了孵化网络促进企业绩效的理论机制，同时，几乎所有相关的实证研究均表明，孵化网络的资源集成平台作用有利于在孵企业快速便捷地获取外部匹配性资源，从而有效促进企业成长和创新，并且其在创新创业中的作用越来越重要。

随着孵化网络研究的逐渐深入，近年来开始有学者就孵化网络促进孵化绩效的内在机制进行更为深入的研究。比较典型的是关于孵化网络中关系社会资本的研究。代表性的有：李振华等（2017a）基于天津市 181 家在孵企业的调查数据，采用结构方程模型，实证检验孵化网络中在孵企业关系社会资本（包括信任和承诺两个维度）对创新绩效的影响，以及资源获取的中介效应；李振华等（2017b）构建了资源获取、关系社会资本与创新绩效关系的理论模型，然后以天津市 206 家在孵企业为样本，考察孵化网络中在孵企业资源获取对创新绩效的影响，以及关系社会资本的中介效应；李振华等（2016）基于对天津市 79 家孵化器的调查数据，从关系社会资本的信任、规范和网络三个维度，分析多中心治理模式下关系社会资本对区域科技孵化网络创新产出的影响及影响机制；毕可佳等（2016）以陕西省24家孵化器274家在孵企业为样本，实证研究关系社会资本（包括内部关系社会资本和外部关系社会资本）在在孵企业创业导向对孵化网络协调绩效影响中的作用。

此外，已有关于孵化网络较为深入的研究还有天津大学李振华教授团队关于孵化网络多中心治理问题的研究（李振华和赵黎明，2014；李振华等，2014；李振华等，2015；李振华等，2016a；李振华等，2016b；闫娜娜，2015；封新宇，2015），大连理工大学王国红教授团队关于孵化网络发展路径、知识扩散等方面的研究（王国红等，2015a；王国红等，2015b；王国红等，2016a；王国红等，2016b），孵化器编配能力对孵化网络创新绩效的影响（毕可佳等，2017），孵化网络治理机制对治理绩效的影响（胡海青和李浩，2016；王武习和胡海青，2017），等等。上述一系列研究在很大程度上丰富了关于孵化网络及其对孵化绩效作用的相关研究，为我们更好地理解孵化网络背景下孵化器的运行机制提供了重要指引。

2.2.3　孵化器的绩效评估

随着孵化器产业的蓬勃发展，设计一套关于孵化器运行绩效的评价标准，并对我国孵化器绩效进行监测评估显得越来越重要。学者们在对孵化器服务类型、运行机制等方面进行理论分析的同时，逐渐开始着眼于利用实际数据，并借助一定的计量技术对孵化器的运行绩效进行评估和分析。关于孵化器绩效的现有研究以绩效测算为主，辅之以孵化器绩效的影响因素、孵化器绩效的空间布局与空间关联等方面的研究。下面将对该研究领域的主要文献进行梳理。

囿于数据的限制，早期关于孵化器绩效评估的研究多以定性研究为主（Voss et al.，2002；Eisenhardt et al.，2007），即通过设计评价体系，并采用深度案例与基于问卷调查的因子分析相结合的方法来分析典型孵化器案例的绩效情况。比较典型的有，Chen 和 Lau（2005）从资源共享、集群效应、资金支持等九个方面设计了一套孵化器绩效评价标准，并采用香港科技园六个孵化企业的调查数据进行绩效评估；林强（2003）基于资源基础论设计了关于孵化器绩效的理论模型，在此基础上采用100余家企业的调查数据进行实证分析。该类研究对孵化器绩效问题进行了有益的探索，尤其是其能够设计比较细微的子指标来全面且深入地探讨孵化器的运营机制，成为后续一系列研究的重要基础。但同时也存在较多的不足，主要表现在其利用调查问卷等定性的研究方式往往带有孵化器经营者和调查研究者的主观判断，因而较难真实反映孵化器绩效的实际情况，并且“小样本”问题使其难以得到推广。

针对定性研究的不足，学者们开始尝试采用定量研究的方式来评估和分析孵化器的运营绩效。研究视角方面，包括宏观视角（省域）和微观视角（企业）的研究；研究方法方面，现有的定量研究以参数方法居多。比较典型的有：黄虹和许跃辉（2013）采用2009—2011年我国260家国家级科技企业孵化器数据，运用随机前沿方法（SFA）分析了我国孵化器绩效及其地区差异；Haiyang Zhang（2011）采用面板模型研究我国孵化器的运行绩效及其影响因素；Rothaermela 和 Thursby（2005）采用最小二乘回归、Logistic 回归以及分类回归方法对美国孵化器绩效进行评估；宋清等（2014）基于我国192家国家级科技企业孵化器连续四年的数据，采用回归分析的方法评估和分析不同所有制性质下孵化器绩效；曾志坚等（2014）构建孵化器评价指标体系，并采用模糊层次分析法对孵化器的经营绩效进行评价。相较于基于调查问卷的定性研究，此类定量研究有着很多优势：能够较为客观地反映孵化器的经营绩效；采用国家级孵化器的中微观数据，有助于研究成果的比较与借鉴；基于大样本的分析能够使研究结果更加可靠。

同时，考虑到参数方法的局限性，很多学者开始用非参数的数据包络方法（DEA）来考察孵化器绩效。例如，章涛（2016）对我国2010—2014年24个省份的孵化器效率进行测度，并从时间和空间两个层面进行分析；殷群和张娇（2010）运用DEA方法研究了我国长三角区域孵化器效应，并提出了提高孵化器运行效率的调整和改进思路；王希良（2011）构建了孵化器绩效评价指标体系，并运用DEA方法对我国172家孵化器的绩效进行具体评估和对比。运用DEA方法测算和评估我国孵化器绩效的还有王敬与汪克夷（2012）、柴玮等（2015）、李志祥和宋清（2012）、代碧波和孙东生（2012）等。采用非参数DEA方法具有诸多的优势：一方面，与参数方法仅能够测度孵化器的单一效率不同，非参数的DEA方法可以同时测度孵化器的综合效率、纯技术效率和规模效率，因而其具有更强的解释力；另一方面，可以测算各地区各年份的孵化器效率，便于做动态比较与地区差异分析（王敬和汪克夷，2012；李志祥和宋清，2012；章涛，2016），而这对于我国孵化器产业发展而言具有重要的现实意义。然而，该类研究仍然存在一定的不足：首先，指标体系设计较为简单且不够统一；其次，难以找到绩效评估的对照组（Dee et al.，2011）。

学者们在测算孵化器绩效的同时，也关注孵化器绩效的影响因素。比较典型的有：Peters等（2004）重点研究了基础设施、培训以及孵化网络对孵化器绩效的影响；贾蓓妮（2009）采用AHP法研究了孵化器绩效的影响因素。此外，关于孵化器绩效影响因素的研究还有王红卫（2008）、徐菱涓和刘宁晖（2008）、宋清等（2014）等。已有研究基本都是基于孵化器调查数据，采用不同方法来研究孵化器绩效。该类研究完善了关于孵化器绩效的相关研究。

此外，考虑到孵化器在区域协调发展中的重要作用以及科学布局孵化器的重要性，近年来逐渐开始有学者将孵化器放到区域范围内进行研究，即研究孵化器的集聚特征和空间关联。其中，朱云浩（2014）基于外部性理论，通过测算孵化器对区域创新经济收敛的影响来研究孵化器在区域协调发展中的重要作用。而真正采用空间计量技术分析孵化器的空间关联效应的研究目前只见于天津大学吴文清（2017）及其学生刘晓英（2014）的研究。他们的研究较为相似，均基于省级数据，采用DEA方法及空间相关性分析方法研究了我国孵化器效率的空间关联性和模式，并分析了我国省域孵化器集聚度对技术创新效率的影响。研究发现，省域孵化器综合效率存在空间关联性，但孵化器集聚度不利于技术创新效率的提高。虽然研究尚处于起步阶段，仍存在很多局限性，但该研究首次运用空间计量技术来分析孵化器的空间关联效应，为本书关于孵化器空间效应的进一步深入研究提供了重要启示和参考。

以上研究是以孵化器为主体来探讨孵化器绩效。此类研究可以为我国孵化器产业的发展提供理论指导，其意义固然是十分重要的，然而，孵化器的主要目的在于促进企业创新与企业成长，所以，衡量孵化器的业绩，最终应该归结到入孵企业的成功与否上。也就是说，从孵化器产生与发展的初衷来讲，更需要以孵化企业为研究对象来实证检验孵化器的成效，以便更好地促进孵化器事业的健康发展。因此，近年来开始有学者尝试以孵化企业为研究对象，通过比较在孵企业和非孵化企业在创新等方面的差异来评价孵化器对孵化企业的作用。

该类研究目前主要集中在国外，如 Westhead（1997）通过对比在孵企业与非孵化企业发现，两者在创新投入和产出方面并没有显著差异；Pena（2004）基于 114 家在孵企业的调查分析发现，人力资源是企业成长的重要因素，但孵化器的孵化效果不显著；Schwartz 和 Maximilian（2009）基于德国 410 家企业数据，运用 PROMETHEE 方法实证分析孵化器的有效性及其对企业生存和企业创新的促进效果；Massimo（2012）基于意大利的 45 家在孵企业与其他非孵化企业发现，在孵企业的创新投入和产出略优于非孵化企业；Yang 等（2012）通过对比台湾新竹科技园内孵化企业与园外非孵化企业发现，园区内在孵企业有着更好的创新效率和投资效率，其原因主要是孵化器使得各类创新资源产生集聚效应，从而有利于在孵企业获取外部资源。国内仅有陈贝力（2014）和吴建銮等（2017）以孵化企业为研究对象来实证检验孵化器的成效。其中，陈贝力（2014）采用面板数据模型，以 149 家创业板上市公司为样本，对比在孵企业与非孵化企业的研发效率，发现孵化器对在孵企业研发产出的提升效果十分显著；考虑到上述研究样本量过少，并且忽略了孵化企业往往存在选择性偏差（Hackett and Dilts，2004），吴建銮等（2017）基于我国新三板 2014 年 2301 家科技企业数据，在国内外文献中首次使用倾向得分匹配法和扩展的柯布—道格拉斯生产函数进行实证分析，研究发现，国家级科技企业孵化器能够显著提高在孵企业研发效率。

2.2.4　我国孵化器发展现状与存在的不足

随着我国孵化器产业的蓬勃发展及其地位的逐步提高，近年来国内很多学者致力于分析我国孵化器产业发展现状，总结孵化器建设和发展的经验及所存在的主要问题，旨在提出针对性的对策建议，以更好地促进我国孵化器产业的健康发展，并推进创新驱动发展战略的深入落实。比较典型的有刘艳莉（2011）、王利军等（2013）、冯金余（2014）、陈子丰（2016）等。已有研究在深入分析我国孵化器产业发展现状的基础上，一方面充分肯定了发展成绩：孵化器投资多元化发展，孵化服务不断升级，孵化体系日臻完善，孵化网络不断扩大，孵化绩效不断提升；另一方面也指出我国孵化器发展过程中存在的不足：地区不均衡，定位盲目和过度投资，运营模式和盈利机制比较落后，对初创企业的孵化力度不够等。在此基础上，学者们均提出了建设性指导意见。

同时，我国孵化器产业发展也需要“他山之石”，钱平凡（2000）、李志能等（2000）、李新安（2002）、王勇（2011），项国鹏等（2016）等学者系统分析了国外孵化器的发展经验，并结合我国的实际情况，提出了我国孵化器建设和发展的对策建议。

此外，孵化器本身即为各个国家支持创新创业的政策工具，各国都采取一系列措施促进孵化器发展，从而间接地支持创新创业。目前，绝大多数国家采取以任务目标为导向的财政支持政策，而我国对孵化器的政策支持是以税收为主。Czarnitzki（2011）、Peters等（2004）等学者从不同角度分析了政府对孵化器支持政策的有效性，其结论均肯定了政府支持政策。然而，我国近年来实施的孵化器税收优惠政策的效果如何？当前国内孵化器税收优惠政策效果评估的研究还比较少见。崔静静和程郁（2016）基于问卷调查数据的研究发现，税收优惠政策能够对孵化器孵化服务具有显著的激励作用；程郁和崔静静（2016）则从多层传导的角度实证考察了孵化器税收优惠政策的传导效应，研究发现，孵化器的税收优惠政策的激励效应具有异质性，并就此提出对策建议。

2.3 研究述评与本书研究起点

总结上述分析可以发现，随着孵化器对于创新创业的重要性不断提升，以及数据可获得性的增强和计量分析技术的提高，有关孵化器的研究历程大致呈现出以下趋势：

第一，由浅入深。随着孵化器产业的不断发展，其成熟度和复杂性日益增强，学者们对孵化器的研究已不再局限于孵化器的基本分类、服务类型、绩效评价等浅层次的研究，而是逐渐深入研究孵化器的运行机制和孵化机理。总结可知，现有的研究已对孵化器的运行机制和孵化机理进行了全面且深入的研究，为后续研究奠定了重要基础。同时，在孵化过程中，孵化器所提供的各类服务往往与其他创新资源相互交织，共同对在孵企业的成长和创新发挥作用，鉴于此，学者们越来越多地关注高层次人才、关系社会资本、匹配性资源获取等在孵化过程中的重要作用。

第二，由点到网。首先，孵化器呈现出明显的网络化发展趋势，学者们关于孵化器的研究已不再局限于单一孵化器所提供的有形资源上，而是扩展到孵化网络及相关无形资源上来，即在孵化网络背景下开展孵化器的运行机制、绩效评估等相关研究。同时，孵化网络的多中心治理、孵化路径、知识扩散等新问题也越来越受到学者们的关注。其次，随着互联网、大数据和云技术的普及，虚拟孵化器等“互联网+孵化”模式不断呈现，因此，近年来关于互联网背景下孵化器运行模式的探索也越来越多。

第三，由定性到定量。随着微观数据可获得性、计量分析技术等研究条件的不断成熟，学者们由最初的以定性研究为主逐渐扩展到当前的以定量研究为主，从而使得研究结论更加可靠且贴合实际。同时，从调查问卷数据到企业实际数据，再到本书所采用的大型企业数据，数据量不断扩大，其真实性和可推广性也不断提高；从以孵化器为研究对象到以孵化企业为研究对象，研究结论的可靠性不断增强；从传统的描述性统计到计量分析技术的参数方法，再到非参数方法，以及本书将要采用的微观计量技术，研究方法的多样性和严谨性不断提升。

第四，由个体到区域。考虑到孵化器在区域协调发展中的重要作用以及科学布局孵化器的重要性，近年来在孵化器个体研究的基础上，逐渐开始有学者将孵化器放到区域范围内进行研究，即研究孵化器和孵化绩效的地区差异、集聚特征以及空间关联，而这对于更好地发挥孵化器在区域协同创新中的作用具有重要意义。

总之，孵化器蓬勃发展的数十年来，学者们对孵化器相关问题进行了有益的探索，且随着研究的不断深入，其研究的广度和深度均不断提高，所得出的一系列研究结论无论对于丰富孵化器相关理论还是指导孵化器产业发展而言，均具有十分重要的理论和现实意义。同时，已有研究也为我们的进一步研究提供了重要的参考，特别是前人对孵化器运行机制的系统总结和对绩效评估的研究视角，为本书的研究奠定了重要基础和提供有益启示，这自然构成了本书研究的起点。

同时，由于一些客观条件的限制，已有研究也存在一定的不足，主要表现为以下几点：

第一，研究视角方面，缺少以在孵企业为主体的研究。概括来讲，已有的研究绝大多数是以孵化器为研究主体，或者是通过分析孵化器现状、运营模式及国际经验，来探讨孵化器运营机制并提供意见和建议（Akomak，2009；唐明凤等，2015），或者是构建孵化器绩效评价体系并对孵化器经营绩效或效率进行评价（Chan and Lau，2005；殷群和张娇，2010）。然而，以孵化企业为研究主体，即通过比较孵化企业与非孵化企业的差异来分析孵化器对企业创新影响的研究却比较少见。一方面，正如上文所言，衡量孵化器的业绩，最终应该归结到孵化企业的成功与否上；另一方面，以孵化器为主体的研究难以找到对照组（Dee et al.，2011），所以我们更需要以孵化企业为研究对象来评估孵化绩效。

第二，实证研究中数据条件和研究方法的严谨性有待提高。现有的以孵化企业为对象来实证研究孵化器对企业创新影响效应的为数不多的几篇文献存在明显不足：其一，数据方面，样本量普遍偏少（大多为一百余家企业），其研究结论的可靠性有待进一步论证；其二，研究方法方面，对孵化企业和非孵化企业的简单比较存在较为严重的内生性和样本选择偏差问题（Hackett and Dilts，2004），从而会导致研究结论出现偏误。

第三，缺乏对孵化器运行机制和孵化机理的实证研究，尤其针对中国特色市场环境下的相关研究非常罕见。已有的研究对孵化器的运行机制进行了系统且深入的研究，基本涵盖了孵化器促进企业创新的作用机制的所有方面，但是囿于数据可获得性等方面的限制，已有的研究几乎均未对影响机制进行实证研究（绝大多数为基于问卷调查的研究），因此就难以获得切合实际的经验证据，同时难以发掘我国孵化器在孵化过程中的薄弱环节。尤其国内的研究更是如此，国内针对孵化器运行机制的研究尚处于起步阶段，相关实证研究，特别是针对中国特色市场环境下的相关研究非常薄弱。

第四，缺乏孵化器创新效应的异质性考察。现实中，企业异质性特征、孵化特征、时间和空间特征等因素都能够对孵化器的作用发挥产生重要影响，因此研究异质性效应对于企业经营者、孵化器经营者以及政策制定者而言，均具有实际的指导和启发意义。然而，遗憾的是，现有文献均缺乏对孵化器与企业创新关系的异质性考察，从而无法从现实角度得出更加细致、有价值的结论和有针对性的政策建议。

第五，缺乏有关孵化器对企业创新空间机制的研究。考虑到孵化器在区域创新体系建设和区域协同发展中的重要作用，近年来逐渐开始有学者研究孵化器的空间布局及空间关联模式。但是，关于孵化器对企业创新的空间机制，即空间溢出效应这一关键问题的研究在学术界却一直是空白，而这是解释孵化器在区域协同创新中的作用的关键。

综上所述，国内外关于孵化器促进企业创新的效应与机制的研究还不够全面和深入，且实证结果的可靠性有待商榷。有鉴于此，为了弥补和完善现有文献的不足，本书拟在已有研究的基础上做以下拓展：首先，本书将在已有研究关于孵化绩效的一系列测度的基础上，使用大型微观数据集，并借助严谨可靠的微观计量技术对孵化器的创新效应进行测度和分析，并且对不同企业特征和孵化时间特征下的影响效应进行研究；其次，本书将系统总结归纳关于孵化器运行机制和孵化机理的一系列研究，在此基础上，对各个微观机制进行实证检验；最后，现有的关于空间视角下孵化器的研究为本书提供了重要启示，本书将沿着这一思路运用更高级的空间分析技术来测算孵化器对企业创新的空间溢出效应。

第3章　孵化器促进企业创新的基础分析

3.1　引　言

自1987年第一家科技企业孵化器成立以来，我国孵化器产业从无到有、从有到优，特别是在新时期创新驱动发展战略和“大众创业、万众创新”方针的指导下，我国孵化器产业实现了新一轮腾飞。同时，随着孵化器数量的不断扩张，同质化、营利性和白热化竞争等问题不断出现，机制落后、服务低端等弊端也日益凸显，我国孵化器的发展已经进入新的调整期和转型期。因此，检验和分析孵化器对企业创新的促进效应在新时期显得尤为重要。

回顾文献，有关孵化器对企业创新影响效应的测度和评价，多数学者或是基于问卷调查进行定性分析（Chen and Lau，2005；林强，2003），或是从宏观角度，基于我国省级面板数据来测算孵化器效率（章涛，2016；赵洋洋，2017），而由于微观数据获取可能性等原因的限制，通过比较孵化企业与非孵化企业的差异来分析孵化器对企业创新影响的研究尚比较少见（即基于企业数据的微观测度较为少见），尤其以国内企业为研究对象的文章更为匮乏。而且，为数不多的几项研究（Colombo and Delmastro，2002；吴建銮等，2017）也存在着一定的不足：其一，数据方面，该类研究的样本量普遍过少，其研究结论的可靠性有待进一步验证；其二，研究方法方面，对孵化企业和非孵化企业的简单比较存在较为严重的内生性和样本选择偏差问题；其三，变量选取方面，对企业创新变量指标的选取较为单一，未能反映企业创新的全貌，从而难以较为全面和系统地考察孵化器对企业创新的促进效应；其四，现有的研究均忽视了关于孵化器对非技术创新影响效应的实证考察。

为弥补现有研究的不足以实现关于孵化器对企业创新促进效应的准确且系统的测度，本章将基于中关村海淀科技园企业数据，运用比较前沿的微观计量模型——倾向得分匹配—双重差分模型（PSM-DID）来实证检验孵化器对企业创新的促进效应。考虑到企业创新包含创新投入、创新产出、创新效率、劳动生产率等多个方面，本章就孵化器对创新过程的上述各主要阶段以及非技术创新（包括组织创新和营销创新）的影响效应依次进行检验和分析。此外，借助创新过程的经典模型——CDM 模型以及针对非平衡面板的可行广义最小二乘估计方法（FGLS）进行稳健性检验。作为全书实证研究的开端，本章将就孵化器对企业创新的促进效应进行基础分析①，初步检验孵化器对企业创新的作用效果，并为异质性效应、微观机制、空间机制等后续一系列研究的具体开展做铺垫。

为实现关于效应的准确测度，本书力争在数据和方法上实现突破：首次采用大型微观企业数据集进行效应测度，并且正如第 1 章中所介绍的，中关村海淀科技园企业数据集具有样本量大、代表性强等重要优势；首次采用可以同时有效解决内生性和样本自选择问题的 PSM - DID 模型，并且采用针对非平衡面板的可行广义最小二乘估计方法（FGLS）进行稳健性检验，再次提升了研究结论的准确性和稳健性。

除此之外，本章还具有以下重要特色：其一，考虑到企业创新是一个从创新投入到创新产出，最终到经济效应实现的动态过程，各阶段之间环环相扣、彼此联系，并且不同阶段所对应的创新要素特征以及所面临的问

① 本章之所以称为基础分析是因为：其一，本章对孵化器促进企业创新进行一般性检验，初步揭示孵化器对企业创新的作用效果，为后文的异质性检验做铺垫；其二，本书突破已有研究在数据和方法方面的不足而主要采用中关村海淀科技园企业微观数据集和 PSM-DID 方法，并对其进行了详细的介绍和应用，同时采用 CDM 模型和 FGLS 方法对其进行稳健性检验，这一切都为后续章节继续采用这一数据集并采用 PSM-DID 方法及其变式打下基础。所以，从研究思路和内容、研究方法和数据等方面来看，本章是全书实证研究的基础。

题和困难差异较大，本章将实证分析孵化器对企业创新过程各主要环节的促进效应。本章旨在考察孵化效果的阶段性变化，对各个环节的连接性进行评估，对创新链条上可能存在的“裂缝”进行排查，最终探索符合企业创新规律的孵化路径。其二，考虑到非技术创新是创新过程的重要组成部分，本章将首次基于微观数据实证分析孵化器对非技术创新的影响效果①。其三，考虑到CDM模型是打开创新过程“黑箱”的重要工具，本书将采用CDM模型进行稳健性检验，并且，将PSM-DID模型嵌入其中，改进传统CDM模型，以有效解决内生性问题和样本选择性偏差问题。

本章结构安排如下：第3.2节为理论分析与研究假设；第3.3节为研究设计，重要介绍倾向得分匹配—双重差分模型设计、变量选取以及数据来源情况；第3.4节为实证分析，将分别就孵化器对企业创新投入、创新产出、创新效率、企业生产率等创新过程的各主要阶段以及非技术创新（包括组织创新和营销创新）的影响进行实证分析；第3.5节将运用CDM模型以及可行广义最小二乘估计方法（FGLS）进行稳健性检验；第3.6节为本章小结。

3.2 理论分析与研究假设

企业创新是一个从创新投入到创新产出，最终到经济效益实现的过程，因此，无论是在实际操作还是在学术研究中，创新过程一般被分解为创新投入、创新产出以及价值实现三个相互连接的子过程（周芳，2014）。由于企业创新过程的三个阶段具有不同的特征，因此在三个阶段中，企业对创新要素的需求不同，面临的问题也各有差异：在创新投入阶段，企业往往缺乏创新的动力和勇气，同时面临资金等创新要素严重短缺的局面；在创新产出阶段，前期的投入能否有效转化为创新成果，主要取决于研发

① 欧盟的第四次创新调查结果显示，非技术创新在服务业中更加频繁，且更受到中小企业的喜爱。而本研究所基于的中关村海淀科技园企业正是以服务业以及中小企业为主体，所以本书研究非技术创新是非常有必要的。

团队的智慧和才能，当然也离不开资金的持续性支持；在价值实现阶段，企业努力将其创新产出（如新产品、专利等）有效对接市场，最终实现经济效益。对于我国而言，辜胜阻（2014）总结出当前企业创新所面临的四点主要问题：动力不足，不想创新，缺乏激励机制；风险太大，不敢创新；融资太难、太贵，不能创新；能力有限，不会创新。其中，前两点主要是创新投入阶段所面临的问题，第三点是整个创新过程都亟须解决的问题，第四点是创新产出和价值实现阶段存在的问题。作为孵化和培育企业创新创业的重要载体，孵化器能够为在孵企业提供多种资源和服务、解决创新过程中遇到的难题。具体来讲，孵化器在创新过程的不同阶段发挥着不同的重要作用。

在创新投入阶段，孵化器主要为在孵企业提供资金等创新要素支持，化解创新风险以增强其创新意愿和创新动力，并鼓励和监督企业开展创新活动。具体来讲，其一，创新活动的整个过程都存在较大风险，这往往成为阻碍企业开展创新活动的重要因素。而孵化器会利用其丰富的市场经验对企业创新行为和未来发展方向进行及时的指导和修正，从而可以有效降低创新风险，增强其创新意愿和创新动力。其二，孵化器可以为初创企业拓宽融资渠道，提升其融资水平，使其创新活动拥有雄厚的资金保障；不仅如此，孵化器还可以为企业提供创新活动所必需的高质量人力资本、基础设施、相关技术等多方面资源的配套支持，从而保障企业创新活动的顺利开展。其三，孵化器通常拥有高效的孵化管理体制（包括激励和监督机制），并且使在孵企业之间形成很好的创新创业氛围和竞争合作机制，能够有效鼓励和监督在孵企业开展创新活动①。

在创新产出阶段，孵化器为在孵企业提供的强有力的人才和技术支持可以增强创新成功率，提高企业创新效率。具体来讲，其一，是否有过硬的创新团队是企业创新能否成功的关键，针对初创企业在人才方面的明显劣势，孵化器能够通过统一人才招聘、扩展人才关系网络等方式帮助企业

---

① 特别是专业孵化器内部聚集着一大批同一行业或者相关产业的在孵企业，它们之间强大的竞争压力会转化成强烈的创新动力，激励着在孵企业积极开展创新活动。

引进专业技术人才，壮大创新团队，并且通过人才培育、企业文化构建等方式加强人才队伍建设，优化人才结构。其二，孵化器通过为在孵企业配备导师等方式为企业提供企业运营、人力资源管理、财务运作等全方位指导和帮助，并且通过提供公共技术服务平台等方式为在孵企业提供技术支持，从而可以增大创新成功概率，提高企业创新效率。

在价值增值阶段，孵化器为在孵企业提供产学研合作及市场对接的机会，以推动创新成果的产业化及价值实现。具体来讲，其一，孵化器作为一个集成平台，可以有效加强产学研融合，提高新产品开发项目成功率和科技成果转化率，并且通过孵化网络的媒介作用，在孵企业能够从市场信息中发掘客户新需求、把握市场新动向，推动企业创新成果的产业化。其二，孵化器可以为在孵企业提供持续性资金服务。科技企业往往既是技术密集型产业，又是资金密集型产业，科技成果转化从研制到中试再到产业化，越是到后期，资金需求量就越大，因而随着创新活动的深入开展，是否有资金的持续性投入是企业科技成果能否成功转化的关键（吴翌琳和谷彬，2013）。

此外，对于创新过程重要组成部分的非技术创新，孵化器同样起到了重要作用。组织创新方面，孵化器能够提供关于经营模式、组织架构方面的咨询服务，帮助在孵企业改善组织方式、提高管理效率。营销创新方面，孵化器能够帮助在孵企业更好地了解市场动向和客户需求、拓宽销售渠道、广泛获取各方面市场信息等。而且，由于非技术创新具有门槛低、可复制性强等特点，相较于技术创新，孵化器帮助企业实现非技术创新的难度更小①。

由此可见，对于企业创新的每一个阶段，孵化器都能根据企业的实际需求及所面临的问题给予帮助和指导。也就是说，孵化器在企业创新过程的各个环节、各个阶段都扮演着十分重要的角色，起着十分重要的作用。而孵化器在任何一环节缺位，都不能帮助企业很好地实现创新。由此，我

① 国外有很多成功的孵化器致力于企业非技术创新，比较典型的有德国 Rocket Internet 的“克隆”孵化模式。

们可以提出本章有待检验的研究假设。

假设：孵化器对企业创新投入、创新产出和价值实现等创新过程的每个重要阶段均具有显著推动作用。

3.3 研究设计

3.3.1 倾向得分匹配—双重差分模型设计

1. 双重差分模型

现有的文献多以孵化器为研究主体来评估和分析孵化绩效，与此不同，本书转向以孵化企业为研究主体，通过比较孵化企业与非孵化企业的差异来检验孵化器对企业创新的促进作用。然而现实中，孵化企业与非孵化企业存在两类差异：一是横向上孵化企业与非孵化企业本身的差异；二是纵向上孵化企业在其入孵前后的差异。若仅简单比较孵化企业和非孵化企业的差异，则我们无法排除两类企业在入孵前即存在差异的可能；而若仅比较企业入孵前后的差异，则不能排除外部环境等其他因素的趋势性变化所导致的差异，即以上两类情况均无法有效得出孵化器对企业创新的真正影响。而双重差分（Difference-in-Differences，DID）模型可以同时有效控制两类差异，去除可能的干扰因素，从而较为准确地测度出“净影响”。所以，本书首先采用DID模型来检验孵化器对企业创新的促进效应。考虑到企业入孵时间不同，借鉴 Betrand 和 Mullainathan（2003）以及 Chen 等（2012）的做法，设计关于孵化器对企业创新促进效应的双重差分模型如下：

$$innovate_{it} = \beta_0 + \beta_1 hat\_\ after_{it} + \gamma X_{it} + \lambda_i + \theta_t + \varepsilon_{it} \tag{3-1}$$

$$X_{it} = f(size_{it},\ rd_{it},\ lcap\_\ labor_{it},\ state_{it},\ ind_{it}) \tag{3-2}$$

其中，$innovate_{it}$ 表示企业创新；$hat\_\ after_{it}$ 为企业是否进入孵化器的哑变量，取值为1表示进入孵化器的企业（即在孵企业），取值为0表示孵化企业在其进入孵化器之前的观测或者从未孵化的企业观测；显然，β_1 表示孵化器对企业创新的实际影响，是本书最关心的参数，$\beta_1>0$ 表示孵化器促进了企业创新，相反，则抑制了企业创新；X_{it} 代表职工人数、研发投入、资本劳动比、所有制性质、所属行业等一系列控制变量；λ_i 代表个体固定效应；θ_t 代表时间固定效应；ε_{it} 代表随机扰动项。

2. 倾向得分匹配—双重差分模型

标准 DID 估计要求实验组和参照组满足共同趋势假设，而企业异质性可能会导致此假设难以满足。为此，本书进一步采用基于反事实推断模型的倾向得分匹配方法（Propensity Score Matching，PSM）来克服这一缺憾，以得到更为精确的估计。具体来讲，首先将在样本期间内进入孵化器的企业视为实验组，将从未孵化的企业视为对照组。首先，在孵化前的样本范围内，从对照组中找出与实验组特征相似的样本，然后将该类样本在实验组企业入孵之后的结果变量作为实验组样本的潜在结果的替代（刘瑞明和赵仁杰，2015）。由此，匹配好的“新样本”可以降低两组样本在孵化前的差异，从而使其满足共同趋势假设，同时也有效避免了样本选择偏差（主要由企业异质性引起）。其次，继续采用 DID 方法去除由于遗漏变量（尤其是不可观测变量）引致的内生性问题。如此，即可估计得到孵化器对企业创新的净影响。

3.3.2 数据来源、变量选取及样本匹配

1. 数据来源

本书的基础数据来源于 2007—2015 年中关村海淀科技园企业数据集，该数据集包含中关村海淀科技园（以下简称海淀园）全部企业的基本情况、经营状况、科技创新等多方面的企业数据信息。该数据集具有权威性高、样本量大（年均 1 万左右家企业）、时间跨度长、企业信息丰富的特征。同时，对于本书的研究而言其还具有两个重要优势：其一，包含海淀园全部企业，即包含大量中小微企业样本，可以避免以规模以上企业为

样本、忽略中国企业以中小微企业为主①这一事实而产生的估计误差；其二，海淀园是全国科技创新中心核心区，这里的企业自主创新非常活跃且孵化体系较为成熟，以其为样本探讨孵化器对企业创新的影响具有典型代表性。另外，如上文所述，以此为样本开展研究可以在较大程度上规避由地理环境等不可测因素引起的内生性问题，并且可以得出更加具体的结论。

此外，选取 2007—2015 年为样本区间具有一定的合理性：首先，中国科技企业孵化器自 1987 年首次创办以来得到较好的发展，但其真正加速发展是在 2005 年之后，孵化器数量由 2005 年的 500 多家增至 2015 年的近 3000 家②；同时，在此期间我国的孵化体系逐渐走向成熟，因此，我们以 2007 年为研究起点。其次，考虑到专利的公开和授权具有一定的滞后性，即近几年的专利数据有很多尚未公开和授权，所以我们以 2015 年为研究终点。

2. 数据处理

在数据处理之前，本书对各个关键指标进行了简单的描述性统计分析，以考察其数据分布特征。在此基础上，根据研究需要，并借鉴聂辉华等（2012）关于微观数据处理的相关建议，本书对中关村海淀科技园数据集进行了细致的清洗和处理：①剔除处于停业、筹建、撤销等非营业状态的企业；②剔除企业销售收入、职工总人数等关键指标为缺失值、零值或负值的企业样本；③对企业销售收入、职工总人数、固定资产净值等直接选取的指标均按照双边各剔除 1%的方式进行缩尾处理，以消除异常值的影响；④考虑到 DID 方法的应用条件，在本书 2007—2015 年的样本期间内，我们删除了 2007 年及以前年度就进入孵化器的企业，即仅选取 2008—2015 年进入孵化器的企业，并且删除注册成立初期就进入的孵化器，即注册成立时间与进入孵化器时间相同的企业；⑤数据集中的企业存在大量的进入和退出，而如果企业生存年份过短，则极易造成 DID 方法估计结果出现偏差，鉴于此，本书仅保留生存 3 年以上观测样本。最后，共得到 2007—2015 年的 83718 个样本观测（企业—年观测），包括 2288 个孵

① 中小微企业是中国自主创新的重要主体，同时也是孵化的主要对象。
② 艾媒咨询：《2016 年中国孵化器发展现状专题研究报告》。

化企业样本观测和 81430 个非孵化企业样本观测。

3. 变量选取及描述性统计

本章从创新过程的角度选取企业创新的代理变量来研究孵化器对企业创新的促进效应，因此将被解释变量依次设置为企业创新投入、创新产出、生产率。其定义说明如下：

（1）创新投入。根据现有研究的一般做法，本书的企业创新投入变量 $\ln rdexpend_{it}$ 用企业研发经费支出（R&D 支出）表示。

（2）创新产出。由于专利以及技术收入、新产品销售收入等创新收入是企业创新产出的主要方面，因此专利申请量和新产品销售收入自然就成为学术界衡量创新产出的两个最重要指标。由于侧重点不同，所以在作为创新产出的代理变量方面，两者各有利弊，学者们对其使用也各有偏好。其中，专利申请量能够很好地衡量企业创新活动的实际产出，并且可以同时反映创新投入和创新效率（陈思等，2017）。此外，还具有较高的数据质量，因此，专利申请量是创新产出应用最广泛的代理变量，特别是国外研究的主流做法（Hall and Harhoff，2012）；同时，从企业创新过程上讲，技术收入和新产品销售收入是企业创新的终端产出，不仅代表了创新获得成功，而且代表了创新成果真正地走向市场，获得消费者认可，因此，创新收入是衡量创新产出，特别是创新产业化产出方面的重要代理变量。出于全面考虑，本章同时采用专利申请量和创新收入作为创新产出的代理变量。

为了使实证结果更加稳健，参考相关研究，本书选取关于专利申请量的两个变量：专利申请量（ln*patent*，企业每年申请的专利总数加 1 的对数值①）以及发明专利申请量（ln*invention*，企业每年申请的发明专利总数加 1 的对数值）。

关于企业创新收入，考虑到企业创新活动收入通常包括技术收入和新

① 考虑到某些样本企业在某些年份没有专利申请，为了避免取对数时产生负值和缺失值，我们在设置 ln*patent* 和 ln*invention* 两个变量时将专利申请数和发明专利申请数加 1 再取对数。

产品销售收入两部分[①]，本书用两者之和的对数值来表示企业创新收入（ln*rdincome*）。

（3）企业生产率。参照已有研究的常规做法，本书用企业总收入/职工人数的对数值来表示企业生产率（ln*product*）。

此外，本章还将研究孵化器对非技术创新的影响，关于非技术创新的代理变量将在下文予以介绍。

本书关键解释变量为企业是否进入孵化器（*hat_ after*）：已进入孵化器，即在孵企业取值为1；未进入孵化器，包括在孵企业入孵前，以及一直不参与孵化的企业，取值为0。

同时，本书还考虑了其他影响企业创新（创新过程视角下）的控制变量，比较重要的有[②]：①企业规模（*size*），用企业年平均职工人数的对数表示；②资本劳动比（*lcap_ labor*），用固定资产净值年平均余额与企业年平均职工人数之比的对数值表示；③研发投入（*rd*），用企业研发经费内部支出的对数值表示；④所有制性质（*state*），按照登记注册类型划分，国有企业为1，非国有企业为0；⑤所属行业（*ind*），海淀园内无农业企业，且考虑到工业和服务业的创新模式存在差异，本书主要对该两类行业进行控制，故设置是否为服务业的哑变量，服务业为1，工业为0。

上述各变量的描述性统计见表3-1。可以看出，孵化企业的专利申请量、发明专利申请量、创新总收入、企业生产率等均大于非孵化企业，同时职工人数、研发投入等变量亦是如此。这说明企业进入孵化器很有可能存在“自选择效应”。在此情况下，如果将两类企业直接进行比较，则无法识别到底是“自选择效应”还是创新效应提升了企业创新。鉴于此，本书采用PSM-DID方法来有效规避自选择效应和内生性等的干扰，从而实现关于孵化器对企业创新影响的精确检验。

① 具体可参照科技园企业技工贸总收入的定义。

② 因本章采用多个被解释变量进行实证研究，所以每个被解释变量所在模型的控制变量不尽相同，此处我们介绍几个主要的、共同的控制变量，更具体的将在下文分别予以介绍。

表 3-1 主要变量的描述性统计

企业分类	变量	观测值	平均值	标准差	最小值	最大值
未孵化企业	专利申请量	81430	0.2016	0.6489	0	8.7222
	发明专利申请量	81430	0.1375	0.5349	0	8.6183
	研发投入	81430	3.7995	3.7664	0	14.979
	创新总收入	81430	5.6212	4.2932	0	17.7900
	企业生产率	81430	5.0182	2.3774	0	14.6305
	企业规模	81430	2.7224	1.6030	0	9.7783
	资本劳动比	81430	2.0182	3.2280	-6.9077	15.4185
	所有制性质	81430	0.1084	0.3109	0	1
	所属行业	81430	0.8564	0.3506	0	1
孵化企业	专利申请量	2288	0.2634	0.6800	0	4.7706
	发明专利申请量	2288	0.1871	0.5494	0	4.7706
	研发投入	2288	4.1877	3.6872	0	11.7350
	创新总收入	2288	6.1203	4.0691	0	14.1371
	企业生产率	2288	5.3539	1.9959	0	10.2599
	企业规模	2288	2.9211	1.5057	0	8.3795
	资本劳动比	2288	2.1835	2.8054	-6.9077	8.3269
	所有制性质	2288	0.0555	0.2290	0	1
	所属行业	2288	0.8955	0.3059	0	1

4. 样本匹配

根据 PSM-DID 估计的思路和逻辑，匹配实验的目的是要找到企业没有进入孵化器时与其最有可比性的企业，因此我们按照企业进入孵化器的前一期的企业特征变量和样本进行匹配，找出在该阶段与孵化企业最接近的非孵化企业。本书选取的是 2008—2015 年开始进入孵化器的企业，考虑到需要在企业进入孵化器的前一期进行匹配，所以，本书的匹配区间为 2007—2014 年。采用 Leuven 和 Sianesi（2003）提出的最近邻匹配算法（本书的匹配比例为 1∶3①）进行逐年匹配。具体处理如下：①对于 2008

① 此外，本书还以 1∶1 和 1∶2 的比例进行了稳健性检验，但其结果都不影响本书结论。

年进入孵化器的企业，匹配时使用相应企业 2007 年的特征变量，从当年未孵化企业中匹配出与孵化企业特征类似的控制企业样本集，即在非孵化企业中，在倾向得分匹配方法的第一步 probit 模型孵化概率预测估计中，控制变量包括企业规模、研发投入、企业年龄、企业家学历（按照企业主的学历划分，研究生学历取 1，否则取 0）、所有制性质、所属行业等。如此，即形成 2007 年匹配好的数据集。②按照此做法对 2008—2014 年的企业样本逐年进行匹配，并做平衡性检验。③进一步根据 2007—2014 年实验组和对照组企业找到 2008—2015 年的相对应企业。合并上述各年匹配后的数据集形成本书倾向得分匹配的基础数据集。

各年份实验组和对照组企业样本的平衡性检验结果显示，两组样本在各变量上均不存在显著差异，说明匹配效果较好。进一步做出匹配前和匹配后实验组和对照组企业的倾向得分分布图（核密度曲线图），如图 3-1 和图 3-2 所示。图 3-1 显示，匹配前实验组和对照组的倾向得分存在明显差异，说明孵化对于全体样本企业而言并不是完全随机的，所以，对其进行倾向得分匹配是必要的。图 3-2 显示，匹配后两组企业的倾向得分分布近乎重合，即两组企业的得分高度接近，这说明倾向得分匹配明显修正了

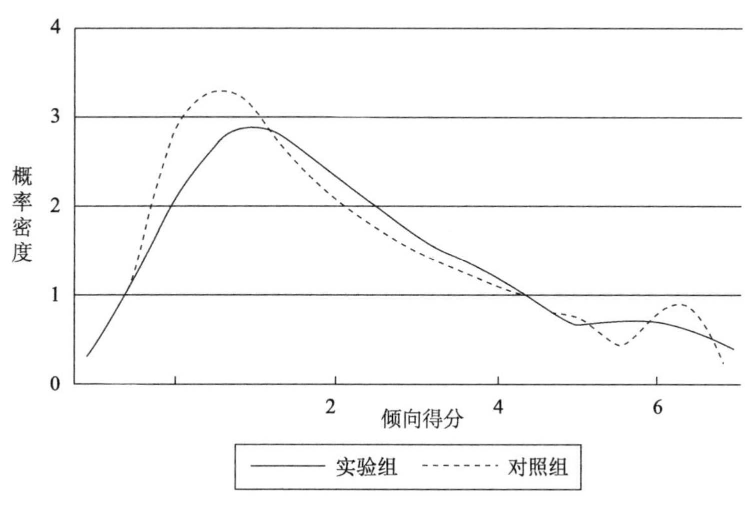

图 3-1　倾向得分概率分布图（匹配前）

两组的得分偏差，匹配效果比较理想。如此，就可以较好地解决样本的“自选择问题”所引起的估计偏差。

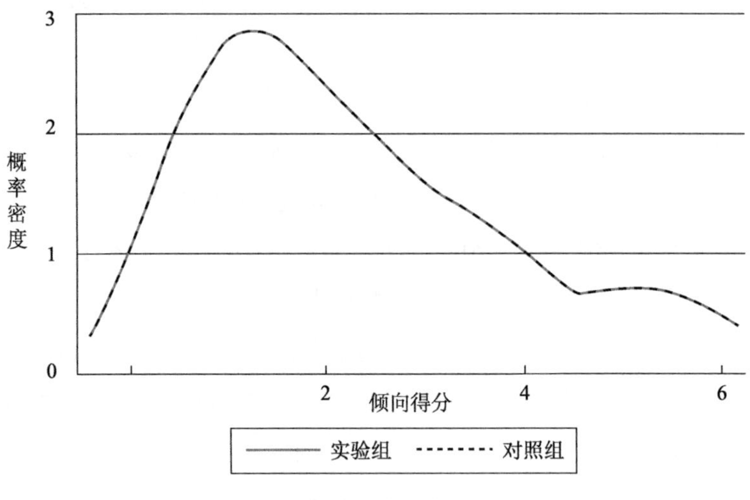

图 3-2　倾向得分概率分布图（匹配后）

3.4　实证分析

在理论分析的基础上，本节采用 PSM-DID 模型，依次实证分析孵化器对创新投入、创新产出、创新效率、企业生产率等创新过程的各主要阶段以及非技术创新（包括管理创新和营销创新）的影响，以考察孵化器在整个创新过程的各主要环节中所起到的作用，并分析和比较各阶段作用力的大小强弱，最终探索适合企业创新规律的孵化路径。本研究将为发现我国孵化器产业的薄弱环节，有针对性地制定相关措施提供重要的科学指引。

3.4.1　孵化器与企业创新投入

1. 模型设计与变量说明

参照式（3-1）和式（3-2），并结合企业创新投入的相关经典文献，建立创新投入关于孵化器的双重差分模型如下：

$$\ln rdexpend_{it} = \beta_0 + \beta_1 hat\_\ after_{it} + \gamma X_{it} + \lambda_i + \theta_t + \varepsilon_{it} \tag{3-3}$$

$$X_{it} = f(size_{it},\ profit_{it},\ lcap\_\ labor_{it},\ state_{it},\ ind_{it}) \tag{3-4}$$

其中，$\ln rdexpend_{it}$ 表示企业创新投入，用企业研发经费支出表示。$hat\_\ after_{it}$ 为企业是否进入孵化器的虚拟变量，取值为 1，表示在孵企业；取值为 0，表示孵化企业在其进入孵化器之前的观测或者从未孵化的企业观测。此外，根据融资优序理论，盈利能力是企业 R&D 投入的重要影响因素，企业绩效越好，内部融资能力越强，企业就会进行越多的 R&D 活动。为此，在控制变量中加入企业是否盈利的虚拟变量 $profit_{it}$，盈利（即当年利润大于 0）为 1，否则为 0。其他变量的含义同上文。

2. 实证结果及分析

采用传统 DID 方法对式（3-3）进行 OLS 估计，所得结果如表 3-2 中列（1）和列（2）所示。可以看出，无论是否加入控制变量，孵化器变量 $hat\_\ after_{it}$ 的系数均在 1%的水平下显著为正。这说明在孵企业有更多的创新投入，即孵化器在创新投入阶段发挥作用，孵化器对创新初始条件培育具有重要作用。

表 3-2　孵化器对创新投入的效应检验结果

	(1) 创新投入 DID	(2) 创新投入 DID	(3) 创新投入 PSM-DID	(4) 创新投入 PSM-DID
是否孵化	0.636***	0.423***	0.502***	0.595***
	(5.87)	(4.78)	(3.20)	(4.53)
企业规模		1.304***		1.314***
		(158.67)		(47.93)
资本劳动比		0.0754***		0.0675***
		(20.52)		(5.30)
盈利情况		0.394***		0.366***
		(16.02)		(4.68)

续表

	(1) 创新投入 DID	(2) 创新投入 DID	(3) 创新投入 PSM-DID	(4) 创新投入 PSM-DID
所有制性质		-0.0755*		-0.417***
		(-1.92)		(-2.97)
所属行业		-0.225***		-0.581***
		(-6.68)		(-5.19)
常数项	4.697***	1.832***	5.326***	2.405***
	(134.48)	(41.15)	(41.84)	(15.05)
时间固定效应	是	是	是	是
个体固定效应	是	是	是	是
N	83718	83718	16864	16864
R^2	0.0336	0.3707	0.0415	0.3424

注：*、**和***分别表示在10%、5%、1%的水平下显著，括号内为t值，下文同。

考虑到不同企业之间存在显著的异质性特征，继续采用PSM-DID方法估计式（3-3），即首先利用倾向得分匹配方法得到新样本组，然后基于新样本组进行双重差分法估计。结果（见表3-2中列（3）和列（4））显示，无论是否加入控制变量，hat_after_{it}的系数同样均在1%的水平下显著为正，且系数大小与传统DID方法的估计结果差异不大，说明孵化器能够有效促进创新投入的研究结论比较稳健。其中，PSM-DID方法中孵化器变量的系数估计值为0.595，表示企业入孵可以使其创新投入增加59.5%，提升效果显著。

控制变量方面，企业规模变量的系数显著为正，这主要是因为企业规模越大越能够承担得起高额研发费用以及较高失败概率所造成的损失，并且，创新成果的及时获得并产生经济效益需要企业具有一定的市场控制能力，所以，规模较大的企业更可能也更有能力进行更多的R&D活动，因而企业规模与创新投入正相关（于君博和舒志彪，2007）；资本劳动比变量系数显著为正，因为研发活动需要雄厚的资本，资本劳动比越高的企业其创新投入越多；盈利性变量系数也显著为正，因为资金是企业创新投入的最重要保障，而根据融资优序理论，企业创新投入的资金首先主要来源于自身利润，也就是说，企业绩效越好，内部融资能力越强，企业就会进行越多的 R&D 活动；所有制变量系数显著为负，因为国有企业往往缺乏创新积极性，有着相对较少的创新投入；行业变量系数显著为负，说明与制造业相比，服务业的创新投入较少，这主要与行业的技术含量有关，我国服务业尚处于技术提升阶段，目前其研发强度还不及制造业。总之，控制变量的系数与经济理论和现实情况基本相符。

3.4.2　孵化器与企业创新产出

1. 以专利申请量衡量创新产出

继实证检验得知孵化器能够有效促进企业创新投入之后，我们进入创新过程的下一个阶段，即实证检验孵化器对企业创新产出的影响。考虑到专利申请量是最常用的创新产出指标，我们首先用专利申请量作为企业创新产出的代理变量来实证分析孵化器对企业创新产出的影响。参照现有的相关经典文献，建立专利申请量关于孵化器的双重差分模型如下：

$$\ln patent_{it} = \beta_0 + \beta_1 hat\_\ after_{it} + \gamma X_{it} + \lambda_i + \theta_t + \varepsilon_{it} \tag{3-5}$$

$$X_{it} = f(size_{it},\ rd_{it},\ lcap\_\ labor_{it},\ state_{it},\ ind_{it}) \tag{3-6}$$

其中，$\ln patent_{it}$ 为企业专利申请量，其他变量含义同上文。首先采用传统 DID 方法对式（3-5）进行 OLS 估计，所得结果如表 3-3 所示。可以看出，无论是以专利申请量（$\ln patent$）、发明专利申请量（$\ln invention$）还是企业年度人均专利申请量（$\ln perpatent$）为因变量，孵化器变量 $hat\_\ after_{it}$ 的系数均在 1%的水平下显著为正。这说明在孵企业能够申请到更多的专利，即孵化器显著促进了企业创新。同时，我们也可以看出，其系数值略小于孵化器对创新投入的影响系数值，说明相对于创新投入，孵化器对创新产出阶段的促进效果稍弱。笔者推断，这可能与孵化器对于创新效率的提升作用相对较弱有关。为此，我们将在下文实证检验孵化器对创新效率的影响效果，以进一步更具体地分析孵化器在创新产出阶段的实际作用效果。

考虑到不同企业之间存在显著的异质性特征，我们继续采用 PSM-DID 方法，即基于匹配样本估计式（3-5）。结果显示，三个不同因变量下，*hat_ after* 的系数同样均在 1%的水平下显著为正，且系数大小与传统 DID 方法的估计结果差异不大，说明结论稳健。

表 3-3　孵化器对专利申请量的效应检验（OLS 回归）结果

变量	专利申请量		发明专利申请量		人均专利申请量	
	DID	**PSM-DID**	**DID**	**PSM-DID**	**DID**	**PSM-DID**
是否孵化	0.288***	0.454***	0.314***	0.436***	0.162***	0.275***
	(3.96)	(4.24)	(4.93)	(4.70)	(3.76)	(4.29)
企业规模	0.350***	0.348***	0.290***	0.279***	0.113***	0.098***
	(49.53)	(15.16)	(46.65)	(14.02)	(26.89)	(7.14)
资本劳动比	0.021***	0.041***	0.015***	0.034***	0.013***	0.020***
	(6.81)	(3.98)	(5.68)	(3.8)	(7.07)	(3.31)
研发投入	1.268***	1.312***	0.904***	1.012***	0.940***	0.966***
	(58.26)	(20.02)	(47.26)	(17.79)	(72.89)	(24.6)
所有制性质	0.479***	0.471***	0.490***	0.365***	0.197***	0.211***
	(14.86)	(4.4)	(17.31)	(3.93)	(10.32)	(3.22)
所属行业	-0.924***	-1.083***	-0.601***	-0.664***	-0.539***	-0.645***
	(-33.5)	(-12.31)	(-24.81)	(-8.69)	(-32.99)	(-12.11)
截距项	-7.663***	-7.669***	-7.630***	-7.810***	-7.277***	-7.222***
	(-199.49)	(-58.82)	(-226.16)	(-69.02)	(-319.72)	(-91.9)
时间固定效应	是	是	是	是	是	是
个体固定效应	是	是	是	是	是	是
R_ overall	0.1796	0.1585	0.1442	0.1294	0.1574	0.1384
R_ within	0.182	0.1756	0.1476	0.1471	0.1598	0.152
N	83718	17655	83718	17655	83718	17655

控制变量方面，企业规模越大，其资金越雄厚且抵御研发风险的能力越强，专利申请量自然就越高；研发活动需要雄厚的资本，因而资本劳动

比越高的企业其专利申请量越多；专利申请量源自研发投入的增加，即研发投入通常与专利申请量成正比。所以，企业规模、资本劳动比和研发投入的系数均显著为正。此外，所有制哑变量的系数显著为正，行业哑变量的系数显著为负，说明相较于非国有企业和服务业企业，国有企业和工业企业具有更强的专利产出能力，这可能主要是因为该类企业在资金、技术、人才等方面更胜一筹，因而具有更强的企业创新能力。总之，控制变量的系数与经济理论和现实情况基本相符。

专利申请量是非负整数，是一种典型的计数数据，因此，为了论证上述实证结论的稳健性，有必要继续采用计数模型估计式（3-5）。泊松回归模型（poisson model）和负二项回归（Negative Binomial Regression，NBR）模型是最常见的两个计数模型。其中，泊松回归模型所采用的最大似然估计要求均值与方差一定相等，而通过考察专利申请量变量的统计特征得知，其方差和均值分别为 0.422 和 0.204，方差是均值的 2 倍多，即具有“过度发散”特征。因此，放弃泊松回归模型，最终选取负二项回归模型。检验结果如表 3-4 所示，无论采用 PSM-DID 方法还是传统 DID 方法，同时无论选择何种形式的因变量，*hat_ after* 变量的系数均显著为正，结论稳健。

表 3-4　孵化器对专利申请量的效应检验（负二项回归）结果

变量	专利申请量		发明专利申请量		人均专利申请量	
	DID	PSM-DID	DID	PSM-DID	DID	PSM-DID
是否孵化	0.341***	0.478***	0.486***	0.720***	0.296*	0.701**
	(4.45)	(3.47)	(5.59)	(4.53)	(1.94)	(2.33)
企业规模	0.345***	0.368***	0.359***	0.411***	-0.006	-0.061
	(39.9)	(11.21)	(35.17)	(10.19)	(-0.32)	(-0.82)
资本劳动比	0.069***	0.102***	0.073***	0.119***	0.035***	0.058*
	(12.23)	(5.37)	(10.78)	(4.94)	(3.61)	(1.85)
研发投入	2.222***	2.155***	2.216***	2.527***	6.050***	8.245**
	(52.19)	(17.01)	(43.53)	(14.48)	(14.7)	(2.28)

续表

变量	专利申请量		发明专利申请量		人均专利申请量	
	DID	**PSM-DID**	**DID**	**PSM-DID**	**DID**	**PSM-DID**
所有制性质	0.218***	0.147***	0.302***	0.131***	0.081	0.049
	(6.9)	(1.25)	(8.24)	(0.96)	(1.2)	(0.16)
所属行业	-0.664***	-0.693***	-0.536***	-0.539***	-0.510***	-0.725***
	(-24.03)	(-7.07)	(-16.21)	(-4.48)	(-9.36)	(-3.37)
截距项	-6.493***	-6.547***	-7.017***	-7.570***	-5.668***	8.600
	(-97.08)	(-27.84)	(-84.35)	(-23.85)	(-13.33)	(0.02)
时间固定效应	是	是	是	是	是	是
个体固定效应	是	是	是	是	是	是
N	49135	4051	40751	3112	46823	3657

综合上述一系列回归结果可以看出，变换模型（传统 DID/PSM-DID）、变换估计方法（最小二乘估计/负二项回归估计）、变换因变量（专利申请量/发明专利申请量/人均专利申请量）等做法均不影响 *hat_ after* 变量及控制变量的估计结果，这充分说明孵化器能够有效促进以专利申请量衡量的企业创新产出，研究结论比较稳健。

2. 以创新总收入衡量创新产出

作为研究孵化器对创新产出影响的有效补充，在考察孵化器对专利申请量的影响之后，本章继续实证分析孵化器对企业创新收入的影响，以考察孵化器是否能帮助企业新产品走向市场、获得收益。具体地，参照相关文献，建立创新收入关于孵化器的双重差分模型如下：

$$\ln rdincome_{it} = \beta_0 + \beta_1 hat\_\ after_{it} + \gamma X_{it} + \lambda_i + \theta_t + \varepsilon_{it} \tag{3-7}$$

$$X_{it} = f(rd_{it},\ size_{it},\ ind_{it},\ rdper_{it},\ state_{it}) \tag{3-8}$$

其中，$\ln rdincome_{it}$ 表示企业创新收入，考虑到企业创新活动收入通常包括技术收入和新产品销售收入两部分，本书用两者之和的对数值来表示企业创新收入；控制变量中 $rdper_{it}$ 为企业研发人员占比，以此来衡量企业开展创新活动的研发人员投入情况。其他变量的含义同上文。

采用传统 DID 方法和 PSM-DID 方法的检验结果如表 3-5 所示。可以看出，无论采用传统 DID 方法还是 PSM-DID 方法，无论是否加入控制变量，孵化器变量 *hat_ after* 的系数均在 1%的水平下显著为正。由此，结合上文分析，可以得出结论：孵化器能够有效促进包括专利以及技术收入、新产品销售收入等创新收入在内的创新产出的增加。

控制变量方面，规模越大、研发投入越多、研发人员比重越高的企业，其创新收入就越高，服务业的创新收入普遍高于制造业，这些均符合经济学理论和实际情况。

表 3-5　孵化器对创新总收入的效应检验结果

变量	(1) 创新总收入 DID	(2) 创新总收入 DID	(3) 创新总收入 PSM-DID	(4) 创新总收入 PSM-DID
是否孵化	1.281***	0.616***	1.046***	0.769***
	(6.03)	(3.51)	(3.42)	(2.99)
研发投入		0.633***		0.617***
		(82.19)		(25.04)
企业规模		1.500***		1.489***
		(80.54)		(24.51)
研发人员占比		0.079***		0.183**
		(5.46)		(2.20)
所有制性质		-0.154**		0.0739
		(-1.98)		(0.27)
所属行业		1.212***		0.626***
		(18.14)		(2.86)
常数项	3.483***	-3.725***	4.666***	-2.801***
	(50.93)	(-42.05)	(18.84)	(-8.91)
时间固定效应	是	是	是	是
个体固定效应	是	是	是	是
N	83718	83718	16864	16864
adj. R^2	0.0104	0.3262	0.0102	0.3036

3.4.3 孵化器与企业创新效率

1. 模型设计与变量说明

上文分别检验了孵化器对于企业创新投入和创新产出的影响作用，进一步地，对于一个企业的创新过程来讲，从创新投入到创新产出是企业创新活动的关键阶段，直接决定了企业创新是否成功。而孵化器的一个重要作用就是通过提供各种孵化服务来帮助企业有效利用创新投入，提高创新效率，最终获得更多的创新产出。为此，我们继续实证检验孵化器在创新投入到创新产出过程中如何发挥作用，也即孵化器对企业创新效率的影响，而这对于检验孵化器的孵化成效具有重要意义。创新产出包含专利和创新收入两个方面，相应地，我们分别考察此两种情形下孵化器对企业创新效率的影响。具体地，分别在式（3-5）、式（3-6）以及式（3-7）、式（3-8）的基础上加入孵化器与企业研发投入的交互项来检验孵化器对企业创新效率的影响。

$$\ln patent_{it} = \beta_0 + \beta_1 hat\_after_{it} \times rd_{it} + \beta_2 rd_{it} + \gamma X_{it} + \lambda_i + \theta_t + \varepsilon_{it} \quad (3-9)$$

$$X_{it} = f(size_{it},\ lcap\_labor_{it},\ state_{it},\ ind_{it}) \quad (3-10)$$

$$\ln rdincome_{it} = \beta_0 + \beta_1 hat\_after_{it} \times rd_{it} + \beta_2 rd_{it} + \gamma X_{it} + \lambda_i + \theta_t + \varepsilon_{it} \quad (3-11)$$

$$X_{it} = f(size_{it},\ ind_{it},\ rdper_{it},\ state_{it}) \quad (3-12)$$

其中，所有变量的含义同上文。孵化器与企业研发投入的交互项的系数β_1即表示孵化器对创新效率的影响。

2. 实证结果及分析

首先，分析以专利申请量为因变量的情形。采用传统 DID 方法和 PSM-DID 方法的检验结果如表 3-6 所示。可以看出，无论采用传统 DID 方法还是 PSM-DID 方法，无论是否加入控制变量，企业研发投入的系数以及孵化器与研发投入交互项的系数均显著为正。这说明随着企业进入孵化器，研发投入对创新产出的影响更大，即孵化器显著增强了企业创新效率。具体来讲，PSM-DID 方法中孵化器与研发投入交互项的系数估计值为 0.040，说明企业入孵会使得创新产出弹性增加 4%。

表 3-6　孵化器对创新效率的效应检验（以专利申请量为因变量，OLS 回归）结果

变量	(1) 专利申请量 DID	(2) 专利申请量 DID	(3) 专利申请量 PSM-DID	(4) 专利申请量 PSM-DID
是否孵化×研发投入	0.061***	0.069***	0.028	0.040**
	(4.82)	(5.55)	(1.46)	(2.15)
研发投入	0.290***	0.225***	0.298***	0.230***
	(112.97)	(72.96)	(34.66)	(22.96)
企业规模		0.210***		0.227***
		(27.61)		(8.88)
资本劳动比		0.011***		0.0271**
		(3.96)		(2.56)
所有制性质		0.442***		0.0802
		(13.92)		(0.69)
所属行业		-0.937***		-1.225***
		(-34.30)		(-13.19)
常数项	-7.855***	-7.283***	-7.967***	-7.199***
	(-297.46)	(-201.42)	(-79.06)	(-54.06)
时间固定效应	是	是	是	是
个体固定效应	是	是	是	是
N	83718	83718	16864	16864
adj. R^2	0.1744	0.2046	0.1648	0.1989

继续采用面板负二项回归模型做稳健性检验。检验结果如表 3-7 所示，无论采用 PSM-DID 方法，还是采用传统 DID 方法，无论是否有控制变量，企业研发投入的系数以及孵化器与研发投入交互项的系数均在 1% 的水平下显著为正，说明研究结论比较稳健。

表 3-7 孵化器对创新效率的效应检验（以专利申请量为因变量，负二项回归）结果

变量	(1) 专利申请量 DID	(2) 专利申请量 DID	(3) 专利申请量 PSM-DID	(4) 专利申请量 PSM-DID
是否孵化×研发投入	0.031***	0.032***	0.025***	0.027***
	(6.97)	(7.24)	(3.98)	(4.42)
研发投入	0.048***	0.032***	0.044***	0.028***
	(61.08)	(37.34)	(18.34)	(10.65)
企业规模		0.097***		0.109***
		(34.52)		(12.05)
资本劳动比		0.004***		0.005
		(3.36)		(1.36)
所有制性质		0.138***		0.045
		(12.31)		(1.17)
所属行业		-0.203***		-0.284***
		(-20.90)		(-9.21)
常数项	0.468***	0.487***	0.853***	0.955***
	(41.22)	(32.32)	(20.54)	(17.97)
时间固定效应	是	是	是	是
个体固定效应	是	是	是	是
N	82640	82640	11989	11989

其次，分析以创新总收入为因变量的情形。采用传统 DID 方法和 PSM-DID 方法的检验结果如表 3-8 所示。可以看出，无论采用传统 DID 方法，还是采用 PSM-DID 方法，无论是否加入控制变量，孵化器与研发投入交互项的系数均为正，但不显著。这说明孵化器在帮助企业创新投入转变为创新收入方面，也即促进科技成果转化、推动创新产业化方面的效果欠佳，有待进一步提升。

表 3-8　孵化器对创新效率的效应检验（以创新总收入为因变量）结果

变量	(1) 创新总收入 DID	(2) 创新总收入 DID	(3) 创新总收入 PSM-DID	(4) 创新总收入 PSM-DID
是否孵化×研发投入	0.027	0.022	0.047	0.055
	(0.85)	(0.74)	(1.01)	(1.23)
研发投入	0.983***	0.633***	0.938***	0.614***
	(152.02)	(81.86)	(45.18)	(24.39)
企业规模		1.500***		1.484***
		(80.54)		(24.43)
研发人员占比		0.0798***		0.184**
		(5.46)		(2.20)
所有制性质		-0.158**		0.0721
		(-2.04)		(0.26)
所属行业		1.215***		0.642***
		(18.18)		(2.93)
常数项	-1.134***	-3.727***	-0.329	-2.787***
	(-17.05)	(-42.04)	(-1.35)	(-8.82)
时间固定效应	是	是	是	是
个体固定效应	是	是	是	是
N	83718	83718	16864	16864
adj. R^2	0.2597	0.3261	0.2417	0.3029

本部分各控制变量的估计结果与上文孵化器对创新产出的结果基本一致，在此不再赘述。

3.4.4　孵化器与企业生产率

我们来检验孵化器对企业创新过程的最后一个阶段，即企业生产率的影响，以考察孵化器能否有效帮助企业实现价值增值。参照相关文献，建立企业生产率关于孵化器的双重差分模型如下：

$$\ln product_{it} = \beta_0 + \beta_1 hat\_after_{it} + \gamma X_{it} + \lambda_i + \theta_t + \varepsilon_{it} \qquad (3-13)$$

$$X_{it}=f(\ln rdincome_{it},\ size_{it},\ lcap\_\ labor_{it},\ state_{it},\ capital_{it})\quad(3-14)$$

其中，$\ln product_{it}$ 表示企业生产率，参照通常的做法，本书用企业总收入/职工人数的对数值来表示企业生产率；控制变量中 $capital_{it}$ 为人均资本，用来衡量企业资本密集度情况，其值越高，说明资本密集度越高。其他变量的含义同上文。

采用传统 DID 方法和 PSM-DID 方法的检验结果如表 3-9 所示。可以看出，采用传统 DID 方法的孵化器变量 *hat_ after* 的系数在 1%的水平下显著为正。PSM-DID 方法中没有控制变量时孵化器变量系数显著为正；有控制变量时孵化器变量系数也为正，但不显著。这说明孵化器显著促进企业生产率的研究结论稳健度不高。进一步比较孵化器对创新投入、创新产出、企业生产率的影响系数，可以看出三者的大小依次递减。这表明越靠近创新过程的末端孵化器的成效越弱，特别是在促进推动创新成果产业化、提高企业生产率方面有待进一步提升。

表 3-9　孵化器对企业生产率的效应检验结果

变量	(1) 企业生产率 DID	(2) 企业生产率 DID	(3) 企业生产率 PSM-DID	(4) 企业生产率 PSM-DID
是否孵化	0.981***	0.340***	0.327**	0.033
	(7.86)	(3.06)	(2.10)	(0.24)
创新总收入		0.102***		0.067***
		(44.65)		(10.71
企业规模		0.866***		0.773***
		(79.85)		(24.42)
所有制性质		-0.131***		-0.208
		(-2.61)		(-1.34)
资本劳动比		0.062***		0.081***
		(12.86)		(5.55)
人均资本		0.203***		0.219***
		(20.42)		(7.69)

续表

变量	(1) 企业生产率 DID	(2) 企业生产率 DID	(3) 企业生产率 PSM-DID	(4) 企业生产率 PSM-DID
常数项	4.238***	0.132*	4.781***	0.691***
	(285.81)	(1.90)	(152.92)	(3.43)
时间固定效应	是	是	是	是
个体固定效应	是	是	是	是
N	83718	83701	16864	16864
adj. R^2	0.0009	0.2065	0.0006	0.1694

控制变量方面，创新收入变量的系数显著为正，说明创新是生产率提升的重要原动力；企业规模变量的系数显著为正，主要是因为大企业往往分工更加精细，生产率自然更高，这印证了熊彼特的创新假说；所有制变量的系数显著为负，这与我国国有企业效率普遍相对低下的现象相一致，主要是因为国有企业制度僵化、产权不明、缺乏创新积极性等弊端制约了其生产率的提升；资本劳动比变量和人均资本变量的系数均显著为正，说明资金是企业生产率提升的重要基础。总之，控制变量的估计结果基本与经济学理论和实际情况相一致。

3.4.5　孵化器与企业非技术创新

随着技术创新进程的加速，非技术创新的重要性日益凸显。非技术创新主要包括组织（管理）创新和营销创新。其中，组织创新是技术创新的前提，其对于提升工作效率、提高企业吸收新知识新技术的能力具有十分重要的意义；营销创新的重要性更是不言而喻，其对于对接市场、促进科技成果转化等方面具有十分重要的作用①。近年来，企业不断加大非技术创新投入，而孵化器作为培育科技企业、服务企业创新的重要载体，必然在提升企业非技术创新方面担当重任。那么，孵化器在促进企业非技术创新方面的效

① 例如，当前网约车、共享单车即是市场创新的结果，其对传统出租车构成了极大的挑战。

果如何？是否存在薄弱环节？本部分将通过实证分析来回答这些问题。

1. 研究方法与数据说明

本书使用北京市海淀区企业创新调查数据（2014 年）与中关村海淀科技园企业数据集的对接数据来实证检验孵化器对企业非技术创新的影响。海淀区企业创新调查数据（2014 年）来自北京市海淀区统计局组织的企业创新调查，包含关于企业创新活动的多方面信息，在样本范围方面包含北京市海淀区的规模以上工业企业（459 家）、规模以上建筑业企业（135 家）、规模以上服务业企业（5942 家）共 6536 家企业 2013 年的数据样本。进一步地，我们将其与 2013 年中关村海淀园企业数据相对接，即可获得本研究所需要的包括企业财务、经营、创新在内的较为全面的数据信息。

海淀区企业创新调查数据将非技术创新划分为组织创新和营销创新，针对这两种创新分别设置了 3 个和 4 个问题，具体问题设置如表 3-10 所示，可以看出，这些问题基本涵盖了非技术创新的主要方面。在变量设置方面，我们将组织创新下的 3 个问题设置为 3 个 0~1 的虚拟变量，同时设置有组织创新变量（其下的 3 个问题得分的加总），如此，可以考察孵化器对组织创新的总体效果及对各类组织创新的影响效果。营销创新变量的设置方法同理。

由于仅有 2013 年的企业数据，所以我们采用倾向得分匹配方法检验孵化器对企业非技术创新的影响效果。具体地，设置孵化企业为处理组，非孵化企业为对照组。控制变量包括企业年龄、企业规模、所有制性质、企业负责人学历（硕博为 1，其他为 0）、资产负债率、是否盈利、青年比重、硕博占比、所属行业等。结果变量为组织创新、营销创新及其所包含的各个问题变量。

为了保证倾向得分计算结果的正确性，首先，利用 Logit 逐步回归模型筛选对非技术创新有重要影响的变量，并计算每个样本企业的倾向得分。其次，由于最近邻匹配平衡性检验效果最好，故用最近邻匹配方法进行样本匹配和平衡性检验，以保证匹配后处理组与对照组之间具有极小的差异（因篇幅考虑，Logit 回归结果和平衡性检验结果省略）。最后，计算处理组样本的平均处理效应（ATT）值，若显著为正，则说明孵化器对非技术创新有明显的促进作用，反之则不然。具体实证结果见表3-10。

表3-10　非技术创新实证结果

非技术创新	匹配前差异	匹配后差异
组织（管理）创新（包括经营模式、组织结构或外部关系等方面的创新）	0.058	0.313*
	(0.45)	(1.84)
经营模式创新（包括质量管理、供应链管理、信息共享制度等方面的创新）	0.060	0.120*
	(1.16)	(1.67)
组织结构创新（包括机构设置、决策方式、权限管理等方面的创新）	0.012	0.108
	(0.23)	(1.45)
外部关系创新（包括商业联盟、外包或分包、新式合作等方面的创新）	-0.014	0.084*
	(-0.31)	(1.72)
营销创新（包括产品设计或包装、产品定价、产品销售渠道、产品推广等方面的创新）	0.730	0.518*
	(0.03)	(1.74)
产品外观设计/包装创新	0.007	0.000
	(0.17)	(0.00)
产品推广创新（新媒体、技术或手段等）	0.052	0.120*
	(1.17)	(1.94)
产品销售渠道创新	-0.027	0.036
	(-0.64)	(0.67)
产品定价创新	0.007	0.096*
	(0.19)	(1.88)

2. 实证结果及分析

组织（管理）创新方面，总体来看，孵化器明显提升了企业的组织创新水平。具体来看，经营模式创新的ATT值显著为正，经营模式创新是孵化器重要的孵化服务内容，并且在孵企业之间可以有更多的信息交流机会，从而最终促进了在孵企业的经营模式创新；组织结构创新ATT值为正，但不显著，说明孵化器在帮助在孵企业组织结构、行政管理创新方面作用还比较小；对于处理与其他企业或公共机构的外部关系方面的组织创新，孵化器有着显著的促进效果，这主要得益于孵化器及孵化网络为在孵企业搭建了一个与外部各创新单位进行长期合作交流的集成平台，在其之上，在孵企业之间的商业联盟、新式合作、外包或分包等方式能够得以实现。

营销创新方面，总体来看，孵化器明显提升了企业的营销创新水平。具体来看，产品外观设计或包装方面创新的 ATT 值为 0，说明在孵企业与非孵化企业在产品外观设计或包装创新方面非常接近，这主要是因为实证样本企业基本以服务业为主，所以企业产出多以服务为主，产品较少；新媒体、技术或手段方面创新 ATT 值显著为正，说明在孵企业在这方面有显著的优势，一方面在孵企业可以利用孵化器的平台进行产品宣传和推广，另一方面孵化器本身的声誉提升了企业产品的知名度，从而有利于产品营销；孵化器对销售渠道创新的提升效果不显著；孵化器有利于产品定价方面的创新，这主要缘于孵化器有利于提高在孵企业的市场敏感度，并可对在孵企业进行实际的市场指导，使其能够根据市场趋势来对价格进行适时调整。

总结上述分析可以看出，孵化器能够促进企业的非技术创新，但是其中存在很多薄弱环节，总体来看，其促进效果有待进一步提升。组织创新和营销创新在提高创新效率、促进科技成果转化等方面具有重要作用，是技术创新的重要保障，因此本书认为，孵化器在非技术创新方面的不足，正是上文实证研究发现孵化器在创新过程后端效果相对微弱的重要原因之一。

3.4.6 总结分析

总结孵化器对企业创新过程各主要阶段的影响可知，孵化器对于企业创新投入、创新产出（包括专利和创新收入）、企业生产率以及非技术创新都有明显的促进作用，从而可以有效提升企业的自主创新能力。这印证了本章的研究假设。但是，对各阶段的影响程度存在差异，具体来讲，孵化器对创新投入和专利申请量的促进效果要大于其对创新收入和企业生产率的促进效果。也就是说，孵化器在企业创新过程前端的效果较好，而在对接市场以及价值增值方面的效果相对较弱，即越靠近创新过程的后端其效果越弱。此外，孵化器在推动企业非技术创新方面的效果也有待进一步提升。

分析这一实证结果，与我国一直存在的科技成果转化水平较低问题有较大的关系。如图 3－3 所示，2000—2012 年衡量技术进步率的主要指标——TFP 增长率在整体上呈降低趋势，而我国的 R&D 经费支出却在迅速增加。王康和周孝（2017）将这一现象称为“技术创新绩效增长悖论”①。这一悖论的背后反映的正是当前我国技术创新过程中存在科技成果转化水平偏低这一亟须解决的问题。此外，由于非技术创新对于提高创新效率、促进科技成果转化具有十分重要的作用，所以我国在非技术创新方面的不足也成为科技成果转化水平偏低的重要原因之一。本章的研究结论再一次反映了这一问题。

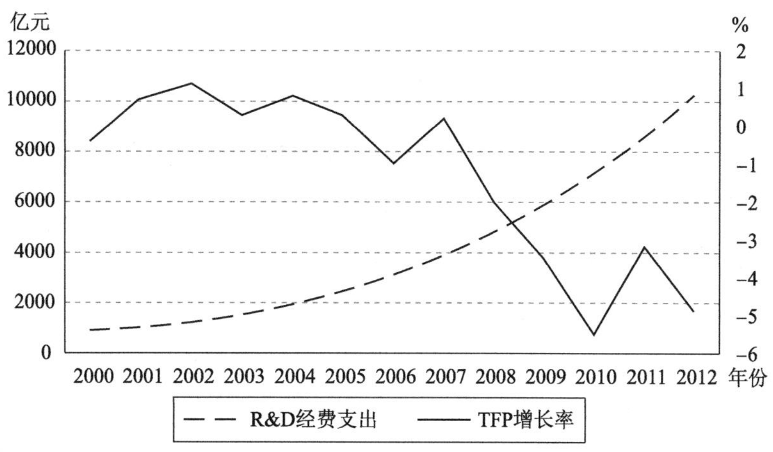

图 3－3　2000—2012 年我国 R&D 经费支出与 TFP 增长率

数据来源：“R&D 经费支出”数据来自《中国统计年鉴》；“TFP 增长率”数据援引自洪兴建和罗刚（2014）。

---

① 参照美国学者查斯曼（Strassman）提出的“生产率悖论”（productivity paradox），王康和周孝（2017）将我国现阶段 R&D 投入不断增加而技术创新绩效却不增反降的现象称为“技术创新绩效增长悖论”。

当然，这也与现阶段我国孵化器相对低端的孵化服务结构有很大关系。虽然近年来我国在探索孵化器服务模式方面已初见成效，但是当前许多孵化器服务结构仍然相对低端，很多孵化器依然以提供办公空间和基础设施为主，而专业创业服务咨询、培训、融资、资源对接等实质服务提供不足，特别是在市场对接和产业化方面的孵化服务更加薄弱，对于企业非技术创新的重视程度和服务力度还有待加强。总之，我国孵化器的服务结构有待升级，服务质量有待提升，增值服务有待深化。

同时，考虑到孵化器的孵化效果在各阶段存在差异，探索符合企业创新规律的孵化路径应作为未来工作的重要方向之一，即根据企业创新过程的各阶段特点来适时调整孵化服务的内容和力度，引导孵化器关注企业创新的关键环节。

3.5 稳健性检验

3.5.1 基于三阶段递推 CDM 模型的稳健性检验

三阶段递推 CDM 模型通过对企业创新的各主要阶段设置不同的方程来对创新过程进行描述，打开了企业创新过程的“黑箱”，因而成为量化分析创新过程的有力工具。鉴于此，作为本章研究的稳健性检验，本节采用三阶段递推 CDM 模型进行系统性实证研究。

凭借在思想和技术等多方面的优势，近年来 CDM 模型逐渐受到了国外学者的重视，相对而言，国内对其的应用研究尚处于起步阶段。而且，诸多学者在利用 CDM 模型研究政策等因素影响时并没有考虑由遗漏变量导致的内生性问题和样本选择性偏差问题，而这极易造成估计出现偏误。鉴于此，本书将 PSM-DID 模型嵌入其中，来改进传统 CDM 模型，以有效解决内生性问题和样本选择性偏差问题。

三阶段递推 CDM 模型包含 3 个方程：R&D 创新投入方程、创新产出方程和生产率方程，依次代表企业创新的三个相互交叠的主要阶段。现对各阶段的方程说明如下：

1. 创新投入方程

$$\ln rdexpend_{it} = \beta_0 + \beta_1 hat\_after_{it} + \gamma X_{it} + \lambda_i + \theta_t + \varepsilon_{it} \tag{3-15}$$

$$X_{it} = f(size_{it},\ profit_{it},\ state_{it},\ ind_{it}) \tag{3-16}$$

其中，各变量含义同上文。第一阶段是创新的初始阶段，该阶段企业综合考虑各方面因素来决定创新投入及强度。创新活动由此开始。

2. 创新产出方程

根据数据分布特征（专利申请量和新产品销售收入两个变量的零值较多），本书采用广义 Tobit 模型对创新产出方程进行建模。

$$\ln patent_{it} = \beta_0 + \beta_1 hat\_after_{it} + \beta_2 rd_{it} + \gamma X_{it} + \lambda_i + \theta_t + \varepsilon_{it} \tag{3-17}$$

$$X_{it} = f(size_{it},\ state_{it},\ rdpersonnel_{it}) \tag{3-18}$$

其中，各变量含义同上文。第二阶段是创新产出阶段，企业在前一阶段的创新投入在该阶段被转化为创新产出。

3. 生产率方程

$$\ln product_{it} = \beta_0 + \beta_1 hat\_after_{it} + \beta_2 \ln patent_{it} + \gamma X_{it} + \lambda_i + \theta_t + \varepsilon_{it} \tag{3-19}$$

$$X_{it} = f(size_{it},\ lcap\_labor_{it},\ state_{it},\ ratio_{it},\ capital_{it}) \tag{3-20}$$

其中，各变量含义同上文。第二阶段所得到的新产品、专利等创新产出只有通过对接市场、匹配市场需求，才能有效转化为经济效益，于是，需要进入第三个阶段——价值实现过程。因此，在该阶段我们主要考察创新产出对企业生产率的影响。

在上述三个阶段的方程中，我们均加入孵化器变量，以考察孵化器对于企业创新过程各个主要环节的影响。同时，我们将倾向得分匹配—双重差分模型嵌入三阶段递推 CDM 模型，即此处孵化器变量的设置方法同双重差分模型，并以采用倾向得分匹配方法得到的匹配样本进行实证检验，以此来有效规避内生性和样本选择偏差，得到孵化器对企业创新各主要阶段的纯影响。

关于三阶段递推 CDM 模型的估计方法，由于经典 CDM 模型所要求的

ALS 估计方法实现的复杂性和难度较大，所以学者们常常使用两阶段最小二乘法（Two-Stage Least Squares，2SLS）来代替 ALS 估计方法，借鉴现有做法，本书亦采用 2SLS 进行估计。

CDM 模型的估计结果如表 3-11 和表 3-12 所示。其中，表 3-11 是传统 DID 模型的估计结果，表 3-12 是 PSM-DID 模型的估计结果。可以看出，无论是传统 DID 模型还是 PSM-DID 模型，孵化器变量在 3 个方程中均显著为正，说明孵化器可以有效促进企业创新投入、创新产出和生产率。但是，仔细观察 3 个方程中孵化器变量系数的大小和显著性可知，两者都是依次递减的，表明孵化器对于创新投入、创新产出以及生产率的促进效果依次递减，与上文的研究结论一致。此外，控制变量的估计结果与上文相似，此处不再赘述。总之，我们采用 CDM 模型的检验结果与上文分阶段分别考察孵化器对企业创新过程影响的结果是基本一致的，说明本章的研究结论比较稳健。

表 3-11　CDM 模型估计结果（DID）

变量	① 创新投入	② 创新产出	③ 生产率
研发投入		1.004***	
		(43.20)	
创新总收入			0.456***
			(45.46)
是否孵化	0.330***	0.310*	0.251**
	(4.03)	(1.85)	(2.24)
企业规模	1.262***	0.951***	0.003
	(176.30)	(28.30)	(0.13)
所有制性质	-0.071**	-0.172**	0.118**
	(-2.05)	(-2.41)	(2.47)
研发人员占比		0.148***	
		(9.08)	

续表

变量	① 创新投入	② 创新产出	③ 生产率
资本劳动比			0.081***
			(17.78)
资产负债率			-0.003***
			(-4.15)
人均资本			0.241***
			(25.83)
盈利情况	0.922***		
	(43.55)		
所属行业	-0.120***		
	(-4.26)		
常数项	1.444***	-2.915***	2.476***
	(36.41)	(-68.73)	(62.16)
时间固定效应	是	是	是
个体固定效应	是	是	是
N	83718	83718	83718

表 3-12　CDM 模型估计结果（PSM-DID）

变量	① 创新投入	② 创新产出	③ 生产率
研发投入		0.922***	
		(37.55)	
创新总收入			0.488***
			(52.11)
是否孵化	0.342***	0.313*	0.190*
	(4.17)	(1.88)	(1.71)
企业规模	1.268***	1.268***	-0.023
	(176.82)	(176.82)	(-1.06)

续表

变量	① 创新投入	② 创新产出	③ 生产率
所有制性质	-0.069**	-0.187***	0.118**
	(-2.01)	(-2.64)	(2.47)
研发人员占比		0.148***	
		(9.08)	
资本劳动比			0.0395***
			(8.20)
资产负债率			-0.003***
			(-3.13)
人均资本			0.238***
			(25.54)
盈利情况	0.881***		
	(41.34)		
所属行业	-0.138***		
	(-4.86)		
常数项	1.491***	-2.959***	1.031***
	(37.44)	(-70.11)	(15.47)
时间固定效应	是	是	是
个体固定效应	是	是	是
N	11989	11989	11989

3.5.2 基于可行广义最小二乘法估计的稳健性检验

本书实证研究所采用的微观数据集属于非平衡面板数据。研究表明（陈强，2014），固定效应模型仍然适用于非平衡面板数据。然而，对于非平衡面板数据而言，现有研究也通常采用可行广义最小二乘法（FGLS）进行估计。同时，FGLS 在处理异方差和自相关问题方面更加有效，特别是对于大样本情形更是如此。而现有以非平衡面板数据为研究对象的

PSM-DID 模型应用研究均没有尝试采用可行广义最小二乘法，在实证结果稳健性方面有待考证。鉴于此，本书采用 FGLS 再次检验创新过程视角下孵化器对企业创新的影响，以得到更为精确的估计结果。

基于创新过程，我们分别检验孵化器对企业创新投入、专利申请量、创新收入以及生产率的影响，实证结果如表 3-13 所示。可以看出，孵化器对企业创新投入、专利申请量以及创新收入的影响均显著为正，而对生产率的影响为正，但不显著，这与上文的实证结果基本相符，说明越靠近创新过程的后端，孵化器的作用相对越弱。基于 FGLS 的实证结果，再次表明本章的研究结论比较稳健。

表 3-13 基于可行广义最小二乘法的估计结果

变量	① 创新投入	② 专利申请量	③ 创新收入	④ 生产率
研发投入		0.249***	0.571***	
		(754.16)	(72.90)	
创新总收入				0.048***
				(29.86)
是否孵化	0.395***	0.158***	0.604***	0.038
	(4.19)	(756.84)	(11.25)	(1.23)
企业规模	1.500***	0.245***	1.591***	0.579***
	(121.64)	(748.88)	(99.01)	(79.50)
所有制性质	-0.400***	0.149***	-0.391***	0.079***
	(-5.50)	(760.48)	(-6.94)	(2.81)
研发人员占比		-0.076***	0.462***	
		(-778.48)	(12.54)	
资本劳动比	0.0711***			0.062***
	(12.80)			(14.27)
资产负债率				-0.003***
				(-4.15)

续表

变量	① 创新投入	② 专利申请量	③ 创新收入	④ 生产率
人均资本				0.208***
				(32.00)
盈利情况	0.316***			
	(7.78)			
所属行业	-0.339***		0.614***	
	(-6.98)		(11.38)	
常数项	1.709***	-8.237***	-2.685***	1.400***
	(24.28)	(-4645.21)	(-32.53)	(29.57)
时间固定效应	是	是	是	是
个体固定效应	是	是	是	是
N	11989	11989	11989	11989

3.6 小　结

测度和分析孵化器对企业创新的促进效应，是研究孵化器与企业创新关系问题的基础。本章就孵化器对企业创新的促进效应进行基础分析，以初步揭示孵化器对企业创新的作用效果。考虑到企业创新是一个动态过程，不同阶段对应的创新要素特征以及所面临的问题和困难差异较大，因此，本章基于创新过程的视角来实证检验孵化器对企业创新的促进效应。具体来讲，首先从理论层面，结合创新过程理论，剖析了孵化器在企业创新的各个阶段所提供的孵化服务及发挥的作用；其次，基于中关村海淀科技园企业数据，运用比较前沿的微观计量模型——PSM-DID 模型，实证检验孵化器对企业创新过程的各主要阶段以及非技术创新的影响效应；再次，分别借助创新过程研究的经典模型——CDM 模型，以及针对非平衡面板数据的可行广义最小二乘法（FGLS）进行稳健性检验；最后，本章基于上述实证结果系统分析了孵化器对企业创新的促进效应及其阶段性变化，进而尝试探索符合企业创新规律的孵化路径。

本书首次采用大型微观企业数据集和能够克服内生性等问题的 PSM-DID 模型，并基于创新过程的视角来实现关于孵化器对企业创新促进效应的准确、系统测度。研究发现，孵化器对企业创新过程的各个主要环节都有较好的促进作用，说明孵化器能够有效促进企业的自主创新。但是，对各阶段的影响程度存在差异。主要表现为：相对于创新投入和专利产出，孵化器对科技成果转化以及价值增值等创新活动后期环节的促进作用较弱，尤其是在帮助在孵企业对接市场、推动创新成果产业化方面表现欠佳，即随着创新过程的推进，孵化器的促进作用逐渐减弱；而且，孵化器在提升企业非技术创新方面，其效果也有待加强。本书认为这一方面印证了我国现阶段科技成果转化水平较低的事实，另一方面与我国孵化器孵化服务结构欠佳、服务质量有待提高有关。总结本章的讨论，创新过程视角下孵化器对企业创新的影响逻辑如图 3-4 所示。

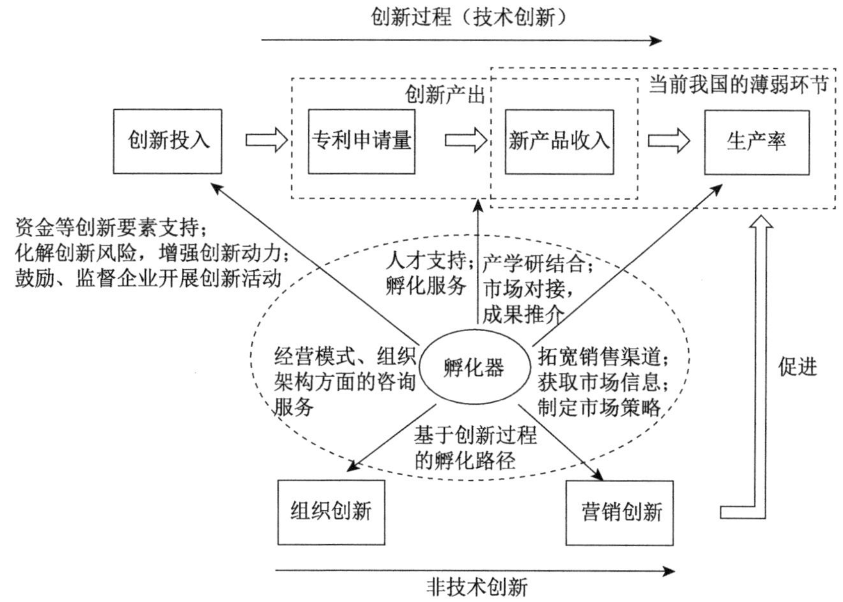

图 3-4　创新过程视角下孵化器对企业创新的影响逻辑

基于研究结论，我们可以得出重要的政策启示：一方面，考虑到孵化器在创新过程各阶段中不同的作用，应根据孵化器作用效果的阶段性变化，引导孵化器服务企业创新的关键环节，探索符合科技企业创新规律的孵化路径作为今后孵化器工作的重要着力点。另一方面，应加强创新过程后端以及非技术创新的孵化力度，特别是注重发挥孵化器在推动科技成果转化和创新产业化中的重要作用。此外，鉴于当前我国孵化器在推动创新创业中仍存在很多薄弱环节，孵化器应加强自身建设，健全服务体系，提升孵化能力，这才是孵化器发展之根本。

当然，本章对创新过程的各环节孵化器对企业创新的促进效应进行了实证检验，但是尚未对各环节背后孵化器的影响渠道和作用机制进行深入讨论，这将是本书第 6 章要重点研究的问题。同时，对于不同行业、所有制、规模的企业，孵化器对创新过程各个阶段的影响会有所差异，对此，本书第 4 章将深入探讨企业异质性和孵化特征影响下孵化器对企业创新的差异化作用。

第4章　孵化器促进企业创新的异质性效应：微观证据

4.1　引　言

上文通过实证分析证实了孵化器能够有效促进企业创新，这说明过去一段时间以来我国孵化器产业发展取得了较好的成效，基本达到了预期目标，这给我们加快推动其进一步发展树立了充足的信心；同时，我们也发现了其中的薄弱环节，明确了下一步的着力点。

然而，诸多经典研究表明，企业规模、所有制性质等企业属性特征往往会对企业创新活动产生重要影响（吴延兵，2012；邹国平等，2015）。那么，在企业异质性的影响下，孵化器对企业创新的促进效应是否仍然还是简单的线性关系？如果答案是否定的，我们应该如何根据企业特征来合理地制订孵化计划以实现精准孵化？如何实现孵化资源的合理配置？在第3章关于孵化器对企业创新促进效应的基本测度的基础上，本章将就微观视角下孵化器对企业创新的异质性影响效应进行测度和分析。具体来讲，本章将以实践为导向，深入研究企业特征差异下孵化器促进企业创新的异质性效应，探索能够实际落地的具有可操作性的孵化策略，并发现孵化中的薄弱环节，而这将具有十分重要的现实意义。对于企业经营者而言，可以帮助其根据自身特点合理地制订孵化计划，并适时制定合理的孵化策略；对于孵化器经营者而言，可以帮助其根据在孵企业特征合理配置孵化资源，改善服务质量，提高孵化效率，并提升其自身经营效益；对于政策制定者而言，有助于其对孵化器进行科学评估和管理，从而为孵化器产业发展的相关政策制定提供有力的科学依据和政策导向。

回顾文献，关于孵化器对企业创新影响效应的研究尚处于起步阶段，它们或者是基于调查问卷数据的定性研究（唐丽艳，2014；李振华等，2017），或者是基于我国省际面板数据采用 DEA 模型来测度各省份孵化器效率（Chan and Lau，2005；殷群和张娇，2010）。前者仍属于定性研究的范畴，尚不能实现对影响效应的较为准确的测度；而后者是宏观层面的测度，缺乏必要的微观支持。所以，基于企业个体数据来测度和分析孵化器对企业创新影响效应的文献十分罕见，更不用说基于企业特征的异质性分析。也就是说，现有研究几乎都忽视了针对中国特色市场环境特征的孵化器的作用（冯金余，2017）。为弥补现有研究的不足，本章将借助强大的微观数据优势，灵活运用多种前沿统计模型来实证检验企业属性差异下孵化器对企业创新的异质性影响。具体来讲，首先，实证分析孵化成效随时间的动态变化（特别是毕业后的效果变化），以及随孵化期限的动态变化，这对于在孵企业合理安排孵化期限和毕业时间以及制定合理的孵化策略具有重要的参考价值；其次，从所有制性质、行业特征、企业规模、企业创新发展阶段等角度来实证检验不同企业属性下孵化器对企业创新的异质性影响，以期实现精准孵化和孵化资源的优化配置。

4.2 孵化器促进企业创新的动态效应

上文证实了孵化器对企业创新的有效促进作用。进一步考虑：孵化的初衷是要促进企业长期的创新与成长，那么现实中随着时间的推移，从企业入孵的那一天起，孵化器对企业创新的影响是如何变化的？再者，当科技企业经过一定时间的孵化，通常是 3~5 年，完成一定的孵化计划后就会选择毕业，那么，在孵企业应该如何合理选择毕业时间？孵化期限是否越长越好？孵化企业毕业后是否还会继续保持良好的创新能力？现实中，孵化的时间特征（包括孵化成效的动态变化以及孵化期限的作用）对孵化器和在孵企业的孵化计划制订起到至关重要的作用，因此，我们有必要进一步分析孵化时间特征对企业创新的影响。

本部分将同时采用（动态扩展的）PSM-DID 模型和（多值处理的）广义倾向得分匹配模型来实证检验孵化器对企业创新的动态影响。其中，在一般 PSM-DID 模型的基础上，我们运用动态扩展的 PSM-DID 模型可以检验企业入孵一年至多年中各年的创新绩效；多值处理的广义倾向得分匹配模型可以检验入孵前、孵化中、毕业后三种情形下的创新绩效差异。两种模型各有其优势，两者同时使用可以增强研究结果的稳健性。

4.2.1　基于动态扩展的 PSM-DID 模型的检验

首先，为考察孵化器对企业创新的动态影响，借鉴动态扩展的 PSM-DID 模型，我们在式（3-5）① 的基础上设计了分年 PSM-DID 估计框架，以实证检验孵化器对企业创新的影响在企业入孵第 1 年到第 5 年的变化情况。具体模型如式（4-1）所示，δ_t 中，δ_1、δ_2、δ_3、δ_4、δ_5 分别表示孵化器对企业创新在第 1 年到第 5 年的影响，其他变量含义同式（3-5）。

$$\ln patent_{it} = \beta_0 + \sum_{1}^{5} \delta_t hat\_ \ after_{it} + \gamma X_{it} + \lambda_i + \theta_t + \varepsilon_{it} \qquad (4-1)$$

估计结果如表 4-1 所示，$hat\_ \ after_{it}$ 变量的系数除第 3 年不显著之外②，其余各年均显著为正，并且影响系数基本呈递增的趋势。这表明对于孵化企业而言，其创新能力不仅在孵化期间能够得到逐步增强，而且在毕业后亦能够保持创新的惯性，使其创新能力不断提升，这初步说明了孵化器具有促进企业创新的长效机制。

① 诸多研究（陈思等，2017）普遍认为，相较于其他指标，专利申请量是衡量企业创新的最重要指标，所以本书后续部分如无特别说明，均以专利申请量来衡量企业创新。

② 经分析，$hat\_ \ after_{it}$ 的系数在第 3 年不显著可能与数据本身有关，而这不影响孵化器对企业创新有正向影响且逐年递增的结论。

表 4-1　孵化时间特征对企业创新的影响

变量	动态效应		孵化期限	
	DID	PSM-DID	DID	PSM-DID
是否孵化（第 1 年）	0.186*	0.458**		
	(1.66)	(1.98)		
是否孵化（第 2 年）	0.331**	0.641***		
	(1.99)	(2.73)		
是否孵化（第 3 年）	0.178	0.368		
	(1.04)	(1.54)		
是否孵化（第 4 年）	0.330*	0.509**		
	(1.78)	(2.00)		
是否孵化（第 5 年）	0.367*	0.509*		
	(1.73)	(1.72)		
孵化期限×是否孵化			0.160***	0.194**
			(2.61)	(2.21)
孵化期限^2×是否孵化			-0.018*	-0.016
			(-1.88)	(-1.63)
企业规模	0.350***	0.291***	0.351***	0.295***
	(49.45)	(12.69)	(49.53)	(13.02)
资本劳动比	0.003	0.046***	0.021***	0.044***
	(0.00)	(4.44)	(6.81)	(4.35)
研发投入	1.267***	1.329***	1.268***	1.324***
	(58.14)	(20.16)	(58.26)	(20.3)
所有制性质	0.480***	0.514***	0.479***	0.504***
	(14.87)	(4.68)	(14.86)	(4.63)
所属行业	-0.922***	-1.067***	-0.924***	-1.066***
	(-33.39)	(-11.93)	(-33.51)	(-12.06)
截距项	-7.663***	-7.597***	-7.662***	-7.599***
	(-199.42)	(-57.81)	(-199.46)	(-58.26)
时间固定效应	是	是	是	是
个体固定效应	是	是	是	是

续表

变量	动态效应		孵化期限	
	DID	PSM-DID	DID	PSM-DID
R_ overall	0.1793	0.1483	0.1796	0.1503
R_ within	0.1816	0.1618	0.1820	0.1632
N	83718	17655	83718	17655

4.2.2　基于广义倾向得分匹配模型的检验

继续采用多值处理的广义倾向得分匹配模型来检验孵化器对企业创新的动态影响。Imbens（2000）在 Rosenbaum 和 Rubin（1983，1984）所提出的经典倾向得分匹配模型的基础上，进一步提出广义倾向得分匹配模型，以估计有序取值或多分类情形下的平均因果效应。广义倾向得分匹配模型的基本原理如下：

假定处理变量取 0 和 K 之间的整数值（可以是有序取值或多分类），即 $T=\{0,\ \cdots,\ K\}$ 。此时，我们可以在控制其他变量不变的情况下，求出样本达到处理变量某一特定水平值的条件概率：

$$r(t,\ x)\equiv pr(T=t\mid X=x)=E\{D(t)\mid X=x\} \tag{4-2}$$

进一步，基于广义倾向得分，可以估计得出平均处理效应，即对于 $t\in T$：

$$\beta(t,\ r)\equiv E\{Y(t)\mid r(t,\ X)=r\}=E\{Y\mid T=t,\ r(T,\ X)=r\} \tag{4-3}$$

$$E\{Y(t)\}=E\{\beta(t,\ r(T,\ X))\} \tag{4-4}$$

由此，广义倾向得分匹配方法可以简单地总结为估计倾向得分 $r(t,\ x)$ 、估计条件均值 $\beta(t,\ r)$ 以及估计处理水平为 t 时潜在分布结果的均值 $E\{Y(t)\}$ 三个步骤。

对于孵化器对企业创新的动态影响而言，我们最关心的是企业在入孵前、孵化中以及毕业后，其创新能力的动态变化。因此，本书的处理变量 T 设定为孵化状态，即分为孵化前（其中包括所有非孵化企业，$T=0$）、孵化中（$T=1$）、已毕业（$T=2$）三类；结果变量为企业专利申请量；控制变量包括企业规模、资本劳动比、研发投入、所有制性质、所属行业等变量，各变量的含义及数据来源同上文。我们采用多分类广义倾向得分匹配模型来检验这三类企业的创新能力，从而实现关于孵化器对企业创新促进效应的动态检验。

实证结果如表 4-2 所示。左右两栏分别显示的是三种孵化状态下潜在结果分布的均值和平均处理效应的估计值。可以看出，潜在结果分布的均值随着孵化状态的递进而增大，即已毕业企业的创新能力最强，其次是在孵企业，最后是非孵化企业。从平均处理效应来看，在孵企业比非孵化企业在专利申请量上多 35.5%，已毕业企业比在孵企业在专利申请量上多 4.7%。也就是说，企业入孵前后其创新能力有着较大的差距，孵化器能够有效促进企业创新，同时企业毕业前后的差距相对较小，孵化企业在毕业后依然能够保持较好的创新能力。

表 4-2 基于广义倾向得分匹配模型的估计结果

参数估计（专利数）		平均处理效应（ATE）	
未孵化（0）	−5.912***	1 vs 0	0.355***
	(0.009)		(0.083)
在孵企业（1）	−5.557***	2 vs 0	0.403***
	(0.083)		(0.130)
毕业企业（2）	−5.509***	2 vs 1	0.047***
	(0.130)		(0.154)

注：左栏括号内为 analytic 标准差，右栏括号内为 Delta-method 标准差。

此外，根据我国孵化器的相关政策规定，已毕业的在孵企业不仅包括已经达到毕业要求的企业，而且包括经过严格评估被判定为没有希望达到毕业要求但是已经达到毕业时间的企业①。基于这方面考虑，由于实证结果显示已毕业企业的创新能力强于在孵企业，因此更能说明孵化企业在毕

① 一个孵化器的资源是有限的，一定数量在孵企业的毕业和退出才能保证新的有发展潜力的企业加入，如此，孵化器才能发挥其最大效能。由此，在孵企业毕业和退出规定成为孵化器的一项重要规定。

业后能够保持良好的创新水平，即说明孵化器具有促进企业创新的长效机制。

综上所述，基于广义倾向得分匹配模型的检验结果与基于 PSM-DID 模型的检验结果是一致的，说明本书关于孵化器对企业创新动态影响的研究结论比较稳健。

4.2.3　动态效应分析

为什么孵化器具有促进企业创新的长效机制？总结上述实证结果，本书认为可能的原因主要有以下几点：

第一，孵化器为在孵企业提供的动态资源配置，以及持续性、有针对性的孵化服务，是孵化器促进企业创新的长期机制得以形成的最直接和最重要的原因。处于不同阶段的创业企业对资源的需求不尽相同，比如，初创阶段对物理空间等一些基本的资源有比较大的需求，成长时期对财务和管理方面资源的需求更为迫切，成熟时期则需要更多的协同要素资源。孵化器能够根据在孵企业的时间特征及资源需求的动态变化来动态配置资源，并提供持续性、有针对性的孵化服务，从而使在孵企业的各个阶段都能得到孵化器较好的帮助和支持，最终使企业创新的长期效果得以实现。

第二，孵化网络增强了在孵企业的自身造血能力，从而促进了创新长期效应的实现。孵化器不仅可以为在孵企业直接提供基础设施和各类服务，更重要的是以孵化器为基础的孵化网络为在孵企业提供了获取外部关系的集成平台，使在孵企业与外界相关主体单位之间建立了长期的交流合作机制，从而使其能够源源不断地获取匹配性资源（即使在毕业以后）。因此，孵化网络强大的集成平台作用大大增强了在孵企业的自身造血能力，支撑了其创新能力的长期提升。本书认为，这是孵化器促进企业创新长效机制得以形成的第二个最重要原因。

第三，孵化企业在毕业后依然能够获得来自孵化器及其在孵企业的支持和帮助。孵化企业毕业后，孵化器往往会通过提供一系列跟踪管理来继续关注和指导企业发展（马凤岭，2008）。同时，毕业企业与在孵企业之间会形成“校友”关系而进一步拓展关系网络，有利于毕业企业与在孵企业的合作交流与共同成长（冯金余，2017）。

第四，从企业生命周期的角度来看，孵化器对企业初创期的孵化有利于其长期发展。根据企业生命周期的内在机制，初创期往往是一个企业生命周期中最艰难的时期，面临资金等资源要素的极度短缺和制度的严重不完善，而一旦成功度过初创期，企业往往就会具备长期发展的能力（杨添龙，2017）。因此，孵化器提供的一系列服务不仅能够使在孵企业顺利度过初创期，而且能够增强其自身创新能力，迎来成长期和成熟期的进一步发展。

第五，“众创空间—孵化器—加速器”的孵化链条促进了长效机制的形成。《国家科技企业孵化器“十三五”发展规划》指出，近年来，在我国，众创空间、孵化器、科技企业加速器（以下简称加速器）形成了服务种子期、初创期、成长期等围绕创业企业发展的全孵化链条。经孵化器初步孵化并顺利度过初创期后，出于加速成长和提高创新能力的目的，很多企业选择进入加速器以进一步深造，加速器所提供的定位清晰、方向明确的企业加速服务（包括资源整合、市场化机制、专业知识等）能够进一步推动企业的创新与成长。

4.3 基于孵化期限的异质性效应

既然孵化器能够促进企业创新的长期增长，那么孵化时间（即孵化期限）是否越长越好？孵化时间特征分析的第二个方面就是检验孵化期限是否越长越好。为考察孵化期限的作用，我们在式（3-11）的基础上加入孵化期限与孵化器变量的交互项，以及孵化期限的平方与孵化器变量的交互项，即式（4-5）。此时，通过估计两个交互项变量的系数，可以考察孵化期限在孵化器对企业创新的影响中所起到的作用。

$$\ln patent_{it} = \beta_0 + \beta_1 time \times hat\_after_{it} + \beta_2 time^2 \times hat\_after_{it} + \gamma X_{it} + \lambda_i + \theta_t + \varepsilon_{it} \tag{4-5}$$

估计结果如表 4-1 所示，$time \times hat\_\ after_{it}$ 变量的系数显著为正，而 $time^2 \times hat\_\ after_{it}$ 变量的系数显著为负，说明随着孵化期限的增加，孵化器对企业创新的正向影响先逐渐增大，到达拐点后又逐渐减小，即呈现倒“U”型变化趋势。换言之，前期，孵化器对企业创新的促进作用随着孵化期限的增加而增大，但是孵化期限并不是越长越好，到达一定时间后，孵化期限的增加反而会阻碍孵化器对企业创新促进作用的发挥。

初创企业往往存在对资金、物理空间、商业服务等的渴求，此时孵化期限的适度增加将产生规模经济，有利于孵化功能的充分发挥。然而，孵化期限过长会产生一定的弊端：其一，根据企业创新和孵化的一般规律，孵化器促进企业创新长期效应的实现，一定是建立在在孵企业有效吸收孵化服务并转化为自身创新能力的基础之上的，而孵化时间过长会使得孵化企业产生对孵化器的过度依赖，从而失去自主创新的积极性和主动性，不利于其创新能力的提升；其二，孵化期限过长往往伴随的是孵化投入的过度增加和孵化活动的低效运行，而不以创新效率为导向的盲目延长孵化时间，不利于企业创新水平的提升；其三，从企业成长周期来看，正如上文所提到的，孵化器正是针对企业生命周期中某一特定阶段（主要是初创期）的孵化，超过一定阶段会导致孵化效果减弱和孵化资源的低效利用，并且不同的行业具有不同的成长周期，而忽视行业特征而一味地增加孵化期限会导致与孵化目标背道而驰；其四，由于企业参与孵化需向孵化器支付一定的费用，所以孵化期限的过长会额外增加企业成本，从投入产出方面来看会降低企业经营绩效，不利于企业创新。此外，孵化资源同样受到边际报酬递减规律的影响。所以，孵化期限过长将不利于孵化器作用的有效发挥，特别是在创新创业生命周期缩短、企业迭代更新频繁的今天，此现象更加明显。

然而，孵化企业退出机制缺失是我国孵化器产业一直以来存在的重要问题。当前，由于迁出成本过高、缺少后续孵化服务等原因，很多孵化期满的企业不愿迁出孵化器；同时又由于孵化器考核机制较为落后，孵化器也不愿意发展较好的企业迁出，这些都造成了孵化企业迁出难、孵化期限过长问题①。孵化企业退出机制缺失不仅导致孵化效率低下，不利于孵化企业的长期成长，而且还造成孵化器内企业流动性差、循环使用效率低等较为严重的问题。

鉴于此，我们应该采取一定的措施来健全孵化企业退出机制，提高孵化效率。第一，应建立健全孵化企业退出机制，提高孵化企业流动性，对此，当前科技部倡导建立的加速器可以解决孵化企业退出再孵化问题，增强孵化企业退出动力；第二，孵化企业应当改进孵化路径，从“投入导向型”转向“效率导向型”，根据本行业的企业成长周期特色②、专业技术特点等自身情况来合理安排孵化期限，适时选择毕业时间，提高孵化效率，从而确保有限的资源能够发挥最大的作用；第三，在实施创新驱动战略时，不能简单地通过加大政府或企业的孵化器投入来鼓励和促进企业进行技术创新，政策制定者应合理分配孵化资源，避免孵化资源的过度集中或不合理配置所造成的无谓损失与资源浪费，进而促进孵化产业的健康发展和孵化效率的稳步提升。当然，在本书中我们并未探讨如何调整、何时调整等问题，这些都需要在后续研究中继续推进和完善。

4.4 基于企业所有制性质的异质性效应

考察不同所有制企业之间的差异，一直是转轨经济研究中的一个重要问题。很多相关研究探讨了我国不同所有制企业之间的显著差异：作为保增长和保就业的重要力量，国有企业获得来自地方政府的大力扶持，而民营企业则在监管、市场准入等方面处于劣势。我国孵化器最初由政府投资

① 中国企业的自由流动受到一些限制，如当地政府和孵化器都不愿意把税收税源和收入迁出去等。这也是孵化企业退出机制缺失的一个重要原因。然而，正如本书第7章所论证的，孵化器对企业创新存在空间溢出效应。在空间溢出效应背景下，跨区域孵化可以有效促进本地创新发展，因此，政府和孵化器经营者应该充分认识到这一点，鼓励企业的自由流动和自由入孵，加快引导孵化企业的合理流动，建立完善的孵化企业退出机制。

② 一般的孵化器通常要求的孵化期限为3~5年，而生命医药行业的孵化期限往往是8~10年。

建立，并且政府主导型孵化器至今仍占有一定比例，那么，所有制性质对孵化成效有何影响？国有企业是否具有更好的孵化效果？为此，本书对国有企业、民营企业以及外资企业子样本分别进行了实证检验。如表 4-3 所示，国有企业的孵化对创新的影响为正，但不显著；而民营企业和外资企业均显著为正，且对后者的影响效果明显大于前者。这说明，所有制性质因素对孵化成效的影响较为明显，但与大众认知不同，国有企业非但没有表现出孵化的优势，反而稍逊于非国有企业。

表 4-3　异质性检验结果（所有制性质）

变量	所有制性质					
	国有		私营		外资	
	DID	**PSM-DID**	**DID**	**PSM-DID**	**DID**	**PSM-DID**
是否孵化	0. 057	1. 136	0. 273 ***	0. 458 ***	1. 368 ***	3. 153 ***
	(0. 09)	(1. 34)	(3. 58)	(3. 77)	(3. 11)	(3. 11)
企业规模	0. 574 ***	0. 433	0. 324 ***	0. 297 ***	0. 289 ***	0. 211
	(12. 78)	(1. 50)	(37. 71)	(10. 30)	(8. 78)	(1. 42)
资本劳动比	0. 106 ***	0. 078	0. 023 ***	0. 038 ***	0. 018	0. 091
	(4. 04)	(0. 49)	(6. 86)	(3. 19)	(0. 94)	(0. 96)
研发投入	2. 301 ***	3. 097 ***	1. 160 ***	1. 236 ***	1. 052 ***	2. 399 ***
	(14. 82)	(3. 52)	(47. 01)	(15. 66)	(8. 81)	(5. 26)
所属行业	-0. 944 ***	-2. 185 **	-0. 897 ***	-1. 259 ***	-0. 918 ***	-0. 282
	(-5. 63)	(-2. 21)	(-27. 48)	(-11. 06)	(-6. 09)	(-0. 44)
截距项	-9. 432 ***	-7. 937 ***	-7. 451 ***	-7. 270 ***	-7. 507 ***	-9. 707 ***
	(-33. 82)	(-4. 74)	(-167. 91)	(-44. 88)	(-36. 01)	(-9. 56)
时间固定效应	是	是	是	是	是	是
个体固定效应	是	是	是	是	是	是
R_ overall	0. 2762	0. 1776	0. 1543	0. 1489	0. 1278	0. 081
R_ within	0. 2917	0. 4108	0. 1561	0. 1638	0. 1506	0. 3463
N	8255	1741	66829	14093	8634	1821

凭借在融资、人才等多方面的明显优势，国有企业相比于非国有企业而言，普遍具有较高的创新水平，但有趣的是，在孵化成效方面，国有因素反而成为一种制约性力量。最初，政府是我国孵化器的主要投资主体，而随着市场经济的逐步推进，民营资本等各类资本不断进入①，民营主导型孵化器越来越多，市场力量已在我国孵化器产业中占有重要地位，孵化准入和孵化过程已在很大程度上由市场决定。失去政府保护及寻租活动后的国有企业，由于本身具有相对较低的创新激励和创新活力，因而其孵化成效相对不够明显。相反，孵化器产业的市场力量为非国有企业提供了很好的发展舞台，特别是其在通过孵化网络获取资源方面更加积极和活跃，从而在孵化器的辅助下创新能力得到较大提升。所以，本书关于所有制性质角度的实证结论，一方面说明我国孵化器产业的市场机制不断完善，市场化程度不断提高，而这对于要素自由流动、竞争公平有序、激发微观个体活力具有十分重要的意义；另一方面说明我国国有企业孵化机制有待改善、孵化成效有待提升。此外，可以看出，在非国有企业当中，相较民营企业，外资企业具有更高的孵化成效，这可能与外资企业更加善于利用孵化网络来获取和整合资源，以及外资企业本身具有更强的创新活力有关。

4.5 基于行业特征的异质性效应

各行业由于发展阶段、生产特征和市场规模等属性的不同，其创新活动会存在不同的特点，亦会使孵化器对企业创新的影响存在差异。鉴于此，本书进一步按行业分组来实证检验孵化器对企业创新的行业异质性影响。考虑到工业和服务业的明显差异，本书首先分别考察这两个行业的孵化器对企业创新的影响情况。实证结果如表 4-4 所示，可以看出，工业和

① 根据《2016 年中国孵化器发展现状专题研究报告》（艾媒咨询），按照孵化器创办运营资金来源类型划分，2016 年我国政府主导型、企业或私人主导型、大学科技园以及混合型孵化器占比分别为 28.4%、22.8%、17.7%、31.1%。

服务业的系数均显著为正①，但是工业的系数略大于服务业。这说明孵化器促进了工业和服务业企业的创新水平，同时对工业的促进作用更加显著。其原因可能是，当前我国孵化器所提供的服务类型中，物理空间、场地服务以及公共技术服务平台仍然占主要部分，而此类服务更加有利于工业企业的创新活动，加上我国工业创新基础和创新活跃程度均强于服务业，所以，总体来看，孵化器对工业企业创新水平的提升作用更加明显。

表 4-4　异质性检验结果（工业和服务业）

变量	工业		服务业	
	DID	PSM-DID	DID	PSM-DID
是否孵化	0. 944**	1. 054	0. 239***	0. 476***
	(2. 03)	(0. 69)	(3. 28)	(4. 33)
企业规模	0. 823***	0. 780***	0. 282***	0. 242***
	(20. 77)	(3. 45)	(38. 83)	(10. 21)
资本劳动比	0. 027	0. 088	0. 017***	0. 045***
	(1. 52)	(0. 87)	(5. 39)	(4. 31)
研发投入	0. 060	0. 844	0. 476***	0. 045***
	(0. 42)	(1. 12)	(13. 83)	(3. 40)
所有制性质	1. 985***	2. 076***	1. 148***	1. 166***
	(15. 76)	(2. 91)	(51. 80)	(17. 33)
截距项	-9. 873***	-9. 941***	-8. 237***	-8. 304***
	(-71. 35)	(-12. 46)	(-259. 97)	(-73. 65)
时间固定效应	是	是	是	是
个体固定效应	是	是	是	是
R_ overall	0. 2889	0. 2238	0. 1328	0. 0996
R_ within	0. 3247	0. 2967	0. 1356	0. 1189
N	11928	2372	71790	15283

① 其中 PSM-DID 方法的工业企业系数不显著，这可能是由经匹配后样本量过小所致，但并不影响研究结论。

考虑到服务业内部各行业的差异化特征以及服务业创新的重要性，本书根据服务业类型将样本进一步分为生产性服务业、生活性服务业和公共服务业①，实证检验三类服务业企业的异质性影响，采用 PSM-DID 方法的估计结果如表 4-5 所示。孵化器显著提升了生产性服务业企业和公共服务业企业的创新能力，估计系数分别为 0.720、0.572。可见，目前孵化器对于生产性服务业企业创新的促进效应最强，而对生活性服务业企业创新能力并没有显著的促进效应。这也是符合我们的直观认识的。服务业中生产性服务业往往具有更大的市场范围，面临较为激烈的竞争环境，同时，其劳动力资源和资金相对充裕，生产的产品具有一定的可贸易性，能够倒逼创新。而生活性服务业大多属于刚性需求的产业范围，相对而言，就业群体多为低端劳动力，诸多因素决定了其创新的相对滞后。但从估计结果来看，生活性服务业的系数虽然没有通过显著性检验，系数仍为正。可见，当前的孵化器确实有利于服务业企业创新能力的提升，而对于不同类型的企业其作用效果有所差异。

表 4-5　异质性检验结果（服务业分行业）

变量	生产性服务业	生活性服务业	公共服务业	科技服务业
是否孵化	0.720*	0.799	0.572*	0.890*
	(1.85)	(1.02)	(1.88)	(1.75)
企业规模	0.251**	0.061	0.157**	0.461**
	(1.95)	(0.70)	(0.06)	(2.05)
资本劳动比	1.171***	0.714**	0.955***	1.987***
	(3.26)	(2.12)	(0.17)	(4.08)
研发投入	-0.095**	0.002	0.095***	-0.295**
	(-2.35)	(0.59)	(0.02)	(2.46)
所有制性质	-0.237	0.138	0.102	-0.245
	(-1.28)	(0.86)	(0.30)	(0.98)

① 生产性服务业根据国家统计局《生产性服务业分类（2015）》进行划分，生活性服务业根据北京市统计局《北京市生活性服务业统计分类（试行）》进行划分。

续表

变量	生产性服务业	生活性服务业	公共服务业	科技服务业
截距项	−7.717***	−7.403***	−7.812***	−7.807***
	(−2.64)	(−3.22)	(0.23)	(4.11)
时间固定效应	是	是	是	是
个体固定效应	是	是	是	是
R_ overall	0.1115	0.2889	0.1050	0.1425
R_ within	0.1147	0.0863	0.1050	0.1197
N	3091	2619	5860	2198

此外，考虑到近年来我国科技服务业已成为经济发展的重要力量，本书将进一步单独考察孵化器对科技服务业①企业创新的推动作用。实证结果显示，估计系数显著为正（见表 4-5），说明孵化器能够显著促进科技服务业企业的创新。这一方面是因为科技服务业创新活动活跃，能够更好地对各项孵化服务进行消化和吸收；另一方面是因为近年来我国孵化器产业的新变化，包括新模式、新机制以及多种新型孵化器的产生有利于科技服务业的发展②。

关于孵化器对企业创新促进效应行业异质性的分析，给我们提供了重要启示。首先，在新常态时期，创新驱动战略的实施应因行业制宜。注重孵化器资源在不同企业与行业之间的优化配置，以避免孵化器资源过度集中所造成的无谓损失与浪费。

其次，因行业制宜，提升各类行业的孵化质量的关键就是要走垂直化专业化路线，推进专业孵化器建设。具体地，孵化器应明晰自身定位和差异化成长方向，探索垂直化专业化发展模式，打造具有行业基础的专业孵化器，为企业提供更加个性化、有针对性的服务，以提高孵化效率和成功率。

最后，新时期应加强对服务业的孵化力度。随着我国经济结构不断转

① 科技服务业根据国家统计局《国家科技服务业统计分类（2015）》进行划分。

② 科技部：《新型孵化器是科技服务业发展的一支重要新兴力量》（2015）。

型升级，未来服务业在国民经济中的战略意义仍将逐步提升，无论是经济总量还是就业总量的不断提升，均主要来自服务业的发展。由此，需求端对于服务业产品的需求将更加多样化、个性化，无疑这也将促进服务业之间的竞争，进而倒逼创新。产业结构升级进程中很重要的内容就是服务业附加值的提升，其根本在于企业创新能力的不断增强。因此，基于我国经济发展现状，提升服务业整体发展水平刻不容缓，而出路则在于加强服务业的自主创新能力，提升服务业全要素生产率水平（李文秀和夏杰长，2010；姚战琪，2014）。孵化器作为当前创新驱动战略的重要组成部分，无疑将是未来服务业发展、创新的主要平台和模式。所以，考虑到服务业在我国经济转型中的重要作用，加强孵化器对服务业企业创新水平的提升作用应成为今后努力的方向。

4.6 基于企业规模的异质性效应

企业规模与创新之间的关系问题历来是学者们所关注的焦点。该问题的探讨始于熊彼特假说，熊彼特认为，由于具有较为雄厚的资源基础和较强的市场控制力，大企业往往比小企业具有更强的创新能力（Schumpeter，2010）。基于这一假说，后续诸多学者从多个角度对企业规模与创新的关系问题展开了一系列研究，并得出了丰富且各异的研究结论（吴延兵，2012）。前人的研究普遍认为，不同规模的企业具有不同的资源基础，企业环境存在明显差异，因而其创新能力也存在明显差异，那么孵化器对企业创新的促进作用是否会因此而不同？为此，本章将采用门限面板模型实证检验孵化器对企业创新的促进作用是否会因企业规模的变化而产生非线性变化。

4.6.1 门限面板模型设计

在式（3-11）的基础上，设计不同企业规模下孵化器对企业创新促进效应的门限面板模型如下：

$$\ln patent_{it} = \beta_0 + \beta_1 hat\_after_{it} \times I(q_{it} \leqslant \gamma) + \beta_2 hat\_after_{it} \times I(q_{it} > \gamma) + \gamma X_{it} + \lambda_i + \theta_t + e_{it} \quad (4-6)$$

$$X_{it} = f(size_{it},\ rd_{it},\ lcap\_labor_{it},\ state_{it},\ ind_{it}) \quad (4-7)$$

其中，$I(\cdot)$ 为示性函数，即条件成立时取 1，否则取 0；q_{it} 为门限变量，此处为企业规模（用企业职工人数的对数值表示）；e_{it} 为随机误差项，假定 $e_{it} \sim ind(0, \sigma^2)$。其他变量含义同式（3-5）。门限面板模型估计的基本步骤为：首先建立单门限回归模型，同时检验门限效应是否存在，不存在则退化为线性回归模型，存在则继续建立双门限模型，在此基础上搜索第二个门限，并进行检验，以此类推。本书使用“格子搜索”法（grid search）寻找可能存在的门限值。关于门限面板模型估计和检验方法的更详细介绍，可参见 Hansen（1999）。

4.6.2　实证结果及分析

同上文的做法，我们采用传统 DID 和 PSM-DID 两种方法进行实证分析。首先进行传统 DID 估计。建立单门限回归模型如式（4-8）所示。

$$\ln patent_{it} = \begin{cases} \beta_0 + \beta_{11} hat\_after_{it} + \beta_2 size_{it} + \beta_3 rd_{it} + \beta_4 lcap\_labor_{it} + \\ \beta_5 state_{it} + \beta_6 ind_{it} + \lambda_i + \theta_t + e_{it},\ size_{it} \leqslant \gamma \\ \beta_0 + \beta_{21} hat\_after_{it} + \beta_2 size_{it} + \beta_3 rd_{it} + \beta_4 lcap\_labor_{it} + \\ \beta_5 state_{it} + \beta_6 ind_{it} + \lambda_i + \theta_t + e_{it},\ size_{it} > \gamma \end{cases} \quad (4-8)$$

检验得知，最终需建立双门限回归模型，估计结果如表 4-6、式（4-9）和图 4-1 所示。结果显示，以企业规模为门限变量的门限面板模型存在两个门限，其中较小的门限值为 4.382，较大的门限值为 6.644。对于孵化器的系数而言，一方面，三个门限区间的系数均显著为正，说明无论处于企业规模的什么阶段，孵化器均对企业创新具有明显的促进作用；另一方面，比较三个门限区间孵化器变量系数的大小，第二区间的系数最大，而第一和第三区间则较小，这说明孵化器对企业创新的促进作用呈现出明显的门限特征。随着企业规模的增大，孵化器对企业创新的促进作用逐渐增强，而当企业规模增大到一定程度后，孵化器对企业创新的促进作用又开始逐渐减弱。也就是说，从企业规模角度看，孵化器对企业创新的促进作用呈现近似倒“U”型的非线性变化。

表 4-6　门限面板模型估计结果

变量	DID	PSM-DID
是否孵化（企业规模≤ γ_1 ）	0. 231***	0. 261***
	（2. 98）	（3. 23）
是否孵化（ γ_1 <企业规模≤ γ_2 ）	2. 278***	2. 412***
	（13. 80）	（14. 16）
是否孵化（企业规模> γ_2 ）	0. 253**	0. 381***
	（2. 41）	（2. 69）
企业规模	0. 823***	0. 780***
	（20. 77）	（3. 45）
资本劳动比	0. 062***	0. 074***
	（22. 38）	（10. 78）
所有制性质	0. 889***	0. 642***
	（30. 61）	（9. 29）
所属行业	-0. 966***	-1. 172***
	（-37. 78）	（-20. 35）
截距项	-6. 070***	-5. 896***
	（-222. 72）	（-93. 63）
时间固定效应	是	是
个体固定效应	是	是
R	0. 118	0. 119
N	83718	17655

$$
\ln patent_{it} = \begin{cases} -6.070 + 0.231hat\_after_{it} + 0.823size_{it} + 1.382rd_{it} + \\ 0.062lcap\_labor_{it} + 0.889state_{it} - 0.966ind_{it},\ size_{it} \leqslant 4.382 \\ -6.070 + 2.278hat\_after_{it} + 0.823size_{it} + 1.382rd_{it} + \\ 0.062lcap\_labor_{it} + 0.889state_{it} - 0.966ind_{it},\ 4.382 < size_{it} \\ \leqslant 6.644\ -6.070 + 0.253hat\_after_{it} + 0.823size_{it} + 1.382rd_{it} + \\ 0.062lcap\_labor_{it} + 0.889state_{it} - 0.966ind_{it},\ size_{it} > 6.644 \end{cases} \tag{4-9}
$$

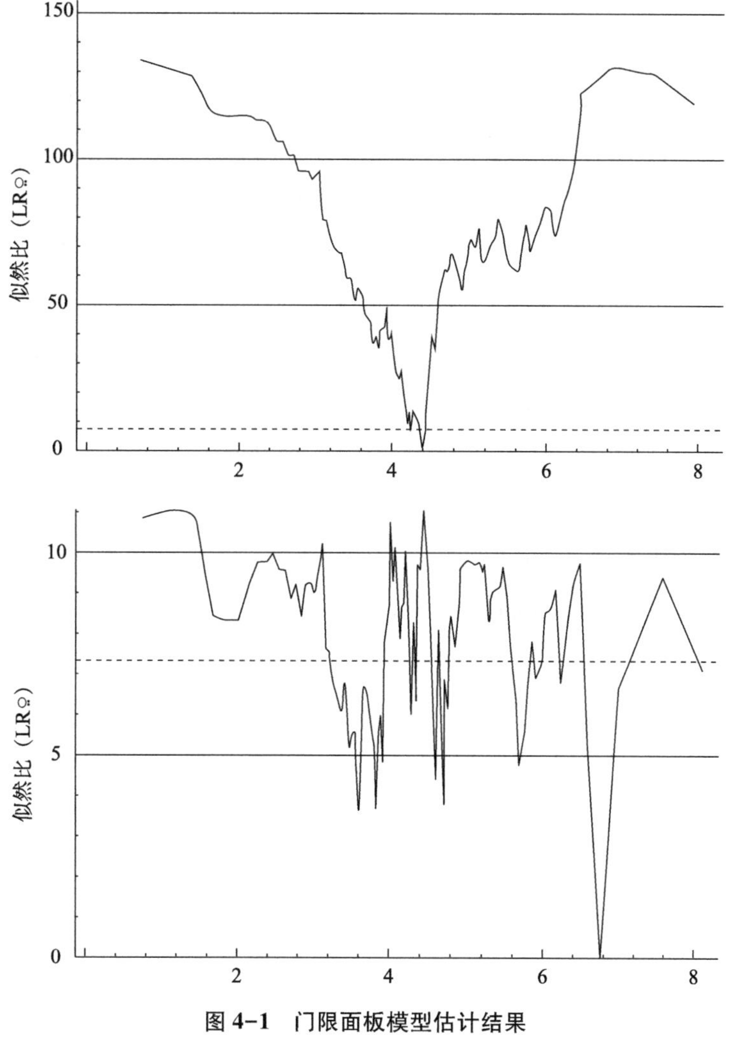

图 4-1　门限面板模型估计结果

企业规模的扩大有助于孵化效果的发挥，本书认为可能的原因主要有以下几点：其一，R&D成果的获得及其产业化都会面临较大风险，而正如熊彼特所论证的，大企业具有优于小企业的融资能力与风险抵御能力（于君博和舒志彪，2007）。这一方面使得大企业在技术创新方面有着显著优势；另一方面，由于当前孵化器多为市场化运作，其更愿意为具有一定风险抵御能力的在孵企业提供各类孵化服务①，而且，对于孵化网络中的各类金融机构、高校科研院所及中介服务机构而言，它们也更倾向于与具有一定风险抵御能力的在孵企业建立合作。其二，企业R&D成果的转化不仅需要孵化器的服务支持，而且需要企业自身的资金、人力资本、基础设施、管理水平、相关技术等多方面资源的配套支持（林云，2008）。毫无疑问，规模较大的企业在这方面同样具有明显优势。较为强大的资源支持使得在孵企业可以更快、更好地消化和吸收孵化器所提供的各项孵化服务，推动创新成果的实现及产业化。基于以上两点原因，规模较大的企业更容易在孵化器的支持下取得创新的成功。

然而，企业规模过大同样不利于孵化器作用的发挥，其可能的原因主要有三点：其一，大企业创新项目投入巨大，往往存在创新资源分配的权衡取舍，新项目的加入经常会挤占原有创新项目的资源（邹国平等，2015）；其二，在孵企业在吸收孵化服务方面受到边际效用递减规律的影响，随着企业规模的增大和创新资源的增加，在孵企业在利用孵化服务方面的边际效果也会随之减弱；其三，从市场结构角度考虑，大型企业近乎垄断或寡头市场，缺乏技术创新的积极性，不利于技术创新活动的开展，因而孵化器对其的作用效果出现降低趋势。因此，我们可以得出结论，具有一定规模的企业最容易借助孵化器的孵化服务获得创新的成功。

本章关于企业规模与孵化器作用效果的研究丰富了孵化器对企业创新促进效应的研究，同时也给我们带来了一定的政策启示。第一，应根据企

① 通过提供创投服务来扶持初创团队是孵化器的重要获利方式之一，因而孵化器更愿意为具有一定风险抵御能力的企业提供孵化服务。

业规模来合理安排孵化资源，实现孵化资源在企业间的合理配置，以减少资源浪费，提高孵化效率。第二，培育科技型中小企业、繁荣创新创业是孵化器产生和发展的初衷，小规模企业在消化吸收孵化服务方面的能力较弱并不代表孵化器应忽视小规模企业；相反，研究结论表明我国孵化器对较小规模企业的孵化力度有待进一步加强，孵化效果有待进一步提升，尤其在“大众创业、万众创新”战略背景下更应如此。然而，受制于政府急于创收创利的心态以及落后的孵化器运营和盈利机制，当前我国诸多孵化器存在“引进企业求大求强，对初创企业重视不足”的现象①。本书的统计数据显示，83717 个“企业—年”观测中有 71053 个观测（约占总观测的 84.87%）、11412 个观测（约占总观测的 13.63%）和 1252 个观测（约占总观测的 1.50%）分别位于第一、第二和第三区间。说明中关村海淀科技园中多数企业尚处于第一门限区间，而没有达到孵化器孵化效果最佳的第二区间，同时只有较少的企业处于第三区间。这表明孵化器对企业创新，特别是对较小规模企业的提升作用还有很大的增长空间。对此，我国政府部门和孵化器经营者都应加强对小规模企业的孵化力度，具体地，应引导更多民间资本进入孵化器领域，建立良好的孵化器运营和盈利模式，可借鉴国外成功孵化器所采用的可持续的盈利模式（如天使投资与创业孵化紧密结合的“孵化+创投”模式），减少孵化器直接引进成熟期、规模化企业现象；同时实施精准孵化，改善对于初创企业和小规模企业的孵化质量，使孵化器真正成为培育创新创业的摇篮。

此外，PSM-DID 方法的估计结果与传统 DID 方法的估计结果相差不大，说明研究结论比较稳健。同时，估计结果中各控制变量估计系数的大小及显著性与上文的估计结果较为相近，此处不再赘述。

---

① 企业孵化器发展遭遇“成长的烦恼”暴露三大问题［EB/OL］. 新华网，http：//finance. ifeng. com/news/macro/20130125/7603953. shtml.

4.7 基于创新发展阶段的异质性效应

4.7.1 分位数 PSM-DID 模型设计

以上我们讨论的均是解释变量 x（即孵化器）对被解释变量 y（即企业创新）的条件期望 E（y | x）的影响，也就是均值回归下的平均影响。然而，实际中我们通常更加关心的是 x 对整个条件分布（y | x）的影响。分位数回归模型（quantile regression）能够在不同的被解释变量的分位数下，估计 x 对 y 的影响，即能够提供关于条件分布的全面信息，并且在技术上具有不受极端值影响的重要优势。因此，分位数模型是研究解释变量对被解释变量整个条件分布影响的有力工具。

就本书所研究的孵化器对企业创新的影响效应而言，考虑到广泛存在的异质性和孵化器促进企业创新在不同发展阶段上的不一致性，创新发展的各阶段，即不同创新产出水平下孵化器对企业创新的影响很有可能会出现差异。鉴于此，本书进一步采用新近发展的基于分位数的倾向评分匹配—双重差分模型（郑文平和张冬洋，2016），实证检验不同创新产出水平下孵化器对企业创新的影响。

4.7.2 实证结果及分析

表 4-7 列出了从 10 分位数到 90 分位数的各分位点处孵化器对企业创新促进效应的测度结果，所有分位数的回归结果均显示孵化器对企业创新的影响显著为正，这与上文的研究结论一致。我们主要来分析各分位数影响系数的差异。图 4-2 反映了各分位数孵化器对企业创新促进效应的走势，可以看出，从 10 分位数到 90 分位数的各分位点，孵化器对企业创新的促进效应大致呈倒“U”型变化，即中分位点的促进效应强于低分位点和高分位点。前期，随着企业创新水平的提高，孵化器对企业创新的促进作用逐渐增强，这主要是因为：第一，创新能力强的企业，往往其创新基

础好，创新意识更加活跃，创新思想更加先进，因而能够快速与孵化器对接，快速消化吸收孵化器所提供的各种孵化服务；第二，在孵企业通过孵化网络的集成平台作用来建立与外界的广泛密切联系往往需要一个过程，创新能力强的企业由于具有更好的创新资源，可以更快地通过孵化网络与外界建立联系，快速获取匹配性资源，进而更好、更快地实现创新，同时，孵化效果的充分实现本身就具有累积效应，因此创新水平高的企业更容易得到累积效应所带来的收益；第三，近年来在我国创新创业氛围比较浓厚的地区涌现出如专业孵化器等很多新型孵化器，孵化器产业的新变化对创新能力强的企业更加有利。而对于创新能力特别强的企业而言，孵化器对其创新能力的提升会有所减弱，这一方面是孵化服务边际效率递减规律的缘故，另一方面说明当前我国孵化器对跨过初创期进入成长期企业的孵化能力有待进一步提升。

表 4-7　分位数 PSM-DID 模型实证结果

分位点	是否孵化	企业规模	所有制性质	所属行业	常数项
10	0. 409***	0. 305	0. 374***	-1. 129***	-6. 878***
	(2. 73)	(0. 18)	(4. 41)	(-18. 38)	(-110. 98)
20	0. 366**	0. 335	0. 399	-0. 227	-6. 681***
	(2. 23)	(0. 24)	(1. 41)	(-1. 37)	(-36. 44)
30	0. 413***	0. 208	0. 327***	-0. 580***	-6. 328***
	(2. 64)	(0. 50)	(3. 16)	(-7. 53)	(-82. 15)
40	0. 411***	0. 368	0. 340***	-0. 595***	-6. 313***
	(2. 68)	(0. 92)	(3. 18)	(-4. 53)	(-48. 90)
50	0. 421***	0. 323	0. 398***	-0. 611***	-6. 297***
	(2. 69)	(0. 72)	(4. 37)	(-7. 95)	(-81. 92)
60	0. 426***	0. 375	0. 423***	-0. 614***	-6. 294***
	(2. 73)	(0. 47)	(5. 02)	(-7. 94)	(-81. 41)
70	0. 426***	0. 255	0. 438***	-0. 612***	-6. 295***
	(2. 78)	(0. 26)	(4. 92)	(-7. 94)	(-81. 67)

续表

分位点	是否孵化	企业规模	所有制性质	所属行业	常数项
80	0.413***	0.365	0.380***	0.276	−5.111***
	(2.63)	(0.26)	(4.07)	(0.70)	(−10.72)
90	0.405***	0.309**	0.458***	−0.655	−6.252***
	(2.81)	(2.05)	(5.88)	(−1.20)	(−11.54)

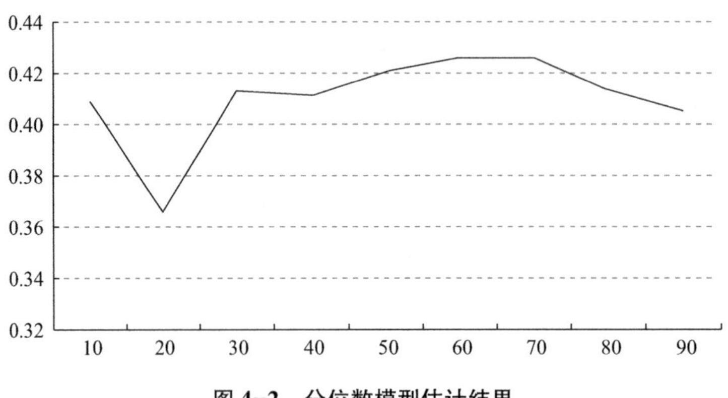

图 4−2　分位数模型估计结果

注：图中横轴表示各分位数，纵轴表示估计系数。

对于不同创新能力分位数的企业而言，孵化器对企业创新的促进效应呈现出“中间好，两头差”的现象。我国孵化器发展到今天，存在的一个重要不足是其更多地关注具有一定创新能力的企业，而对创新发展阶段的前期和后端，也就是创新能力较低和较强的企业有所忽视，即缺少一个适用于创新全链条的孵化体系。那么，如何进一步强化孵化器对创新能力较低和较强企业的孵化效果？这一点已经引起国家的高度重视。近年来，国家倡导建设众创空间，加强对初创企业种子期的孵化力度，满足早期创新创业活动的需要；同时倡导发展加速器，加强对成长期企业的孵化力度，满足创新创业活动较高阶段的发展需要。但是，从创新苗圃到孵化器再到加速器和科技园的全链条孵化体系，目前我国仅宁波等少数几个发达地区具备，尚未在全国范围内得到普及和推广，因而其效果还没有充分显现（冯金余，2017）。为此，科技部发布的《国家科技企业孵化器“十三五”发展规划》提出加强创业孵化链条建设，完善“众创空间—孵化器—加速器”创业孵化链条建设，即加强众创空间建设，推动众创空间质效提升；发挥孵化器在全孵化链条中的中坚作用；根据企业高成长阶段的需要，加快科技企业加速器建设。

4.8 小　结

考虑到广泛存在的企业异质性和新时期实施精准孵化的必要性，本章实证分析孵化时间特征和企业特征对于孵化器对企业创新促进作用的差异化影响。具体来讲，首先实证分析孵化成效随时间的动态变化（特别是毕业后的效果变化），以及随孵化期限的动态变化，这对于在孵企业合理安排孵化期限和毕业时间以及制定合理的孵化策略具有重要的参考价值；其次从所有制性质、所属行业、规模、创新产出水平等角度实证检验不同企业属性下孵化器对企业创新的异质性影响，以期找准优势补短板，实现精准孵化和孵化资源的优化配置。

本章研究发现：①孵化器具有促进企业创新的长效机制，孵化企业在毕业后依然能够保持较好的创新能力；②随着孵化期限的延长，孵化器对企业创新的促进作用呈倒“U”型变化趋势，即孵化期限并不是越长越好，因而应建立良好的孵化企业退出机制；③从所有制性质角度看，孵化器对企业创新的促进效果最好的是外资企业，其次是民营企业，而对国有企业的促进效果较弱；④从所属行业角度看，孵化器对企业创新的促进效果，工业优于服务业，生产性服务业优于生活性服务业和公共服务业，科技服务业在服务业中最优；⑤随着企业规模的扩大，孵化器的作用效果逐渐增强，而当企业规模增大到一定程度后，孵化器对企业创新的促进作用又开始逐渐减弱，同时，我国孵化器对初创企业（即较小规模企业）的孵化力度和孵化效果相对较弱；⑥对于不同创新能力的企业而言，孵化器对企业创新的促进效应呈现出“中间好，两头差”的现象，即对创新能力较低和较强企业的孵化效果相对较弱①。

本章的研究弥补了现有研究没有考虑企业多重异质性对孵化器孵化效果的影响，从而进一步完善了关于孵化器对企业创新的促进效应问题的研究。同时，本章以实践为导向，丰富的研究结论对企业经营者合理制定孵化策略、孵化器经营者实施精准孵化以及政策制定者加强对孵化器产业的科学指导均具有重要的指导意义。概括来讲，本章的研究一是启示我们应做到孵化资源在不同类型企业间、不同成长阶段间的合理配置，以提高孵化效率；二是启示我们应找准优势补短板，加强对薄弱环节的孵化力度，同时不断探索新的运营和盈利机制，对企业进行深度孵化和跟踪，提供长期、专业、全面的增值服务。

① 本章通过实证分析所揭示的当前我国孵化器所存在的种种弊端，在一定程度上解释了为什么在经历了野蛮生长之后，当前很多孵化器出现孵化效率低下，甚至出现经营难以为继的状况。下一章将对此进行具体分析。

第5章　孵化器促进企业创新的异质性效应：宏观证据

5.1　引　言

第4章从微观视角对孵化器对企业创新的异质性效应进行了测度和分析，研究发现，孵化时间特征、企业所有制性质、企业规模、行业特征等都是影响孵化器绩效的重要因素。那么进一步从宏观层面考虑，近年来我国孵化器产业的整体发展成效如何？孵化成效是否会因时间变化和地区特征不同而存在差异？这是我国发展孵化器事业必须要关心的问题。

从发展态势上看，自1987年第一家孵化器成立至今的30年来，我国孵化器产业实现了健康、快速的发展，特别是近年来在创新驱动发展战略和“大众创业、万众创新”的政策号召下，孵化器产业实现了新一轮腾飞。然而，由于长期存在的机制落后问题，以及近年来出现的过度投资和同质化竞争等弊端，我国很多地区的孵化器在经历了野蛮生长之后纷纷陷入经营危机，入不敷出，更有专家预测，一场孵化器倒闭潮即将来临。可见，我国孵化器产业发展并不是一帆风顺的。那么，旨在培育科技企业、推动创新创业事业的科技企业孵化器，在此过程中对企业创新的影响效应经历了一个怎样的动态变化过程？孵化器产业一直以来的蓬勃发展及当前出现的倒闭危机对孵化成效产生了什么影响？探究孵化器对企业创新影响效应的动态变化过程有利于及时发现发展中的问题，找准未来的发展方向，为孵化器产业转型及更好地发展提供科学指引。

从空间布局上看，我国科技企业孵化器表现出显著的集聚化[①]和空间布局不均衡现象，由于政府扶持和资源禀赋等方面的优势，长期以来孵化器资源过多地集中于经济发达的东部地区（吴文清等，2016；章涛，2016）。当然，孵化器在集聚化发展的同时，其辐射扩散效应也逐渐显现，在东部发达地区的辐射带动下，孵化器产业正逐渐向中西部及三四线城市扩散，整体布局正在向好发展[②]。同时，我国政府一直以来都高度重视孵化器产业在区域协调发展中的重要作用（李具恒和杜万坤，2008）。例如，2018 年科技部发布的《国家科技企业孵化器“十三五”发展规划》明确指出，应进一步完善孵化器空间布局，加强孵化器的跨区域协同机制。为此，我们有必要探索孵化器对企业创新影响效应的空间差异及其内在逻辑，一方面根据地区特色建设孵化网络，以充分发挥孵化器在区域创新体系[③]建设中的重要作用；另一方面科学布局孵化器，更好地发挥孵化器的集聚作用和引领带动作用，进而促进我国孵化器产业的跨区域协作式发展和总体健康发展，对推动创新驱动发展战略的全面落实具有重要意义。

回顾文献，Kim 和 Jung（2010）、王敬和汪克夷（2012）、章涛（2016）、吴文清等（2016）等学者基于省际面板数据测算了我国科技企业孵化器的创新绩效，并分析了创新绩效的动态变化和地区差异[④]，最终得出了许多有价值的研究结论。但是，关于该问题的研究尚处于起步阶段，现有研究存在一定的不足：其一，大多是利用 DEA 方法计算孵化器绩效进而简单地分析和比较其在时间和地区两个维度上的差异，研究方法比较单一；其二，在动态变化分析方面所选取的样本期都比较短，尚不能反映近年来我国孵化器孵化成效的时间变化全貌；其三，在空间差异分析方面，忽视了结合

---

① 近年来我国许多地区出现了众创集聚区、创业街区、特色小镇等，孵化器等创新创业要素的集聚化发展趋势明显。

② 《国家科技企业孵化器“十三五”发展规划》中有相关说明。

③ 建设各具特色和优势的区域创新体系是《国家中长期科学和技术发展规划纲要（2006—2020 年）》所描述的中国特色的国家创新体系建设的五个方面之一。

④ 已有关于孵化器绩效评价的研究重在分析孵化器绩效的地区差异，而在动态分析方面则比较罕见（冯金余，2017）。

所有制、产业结构等地区特征来深入分析地区差异的成因。

为弥补现有研究的不足，本章将运用前沿统计模型来测度我国孵化器对企业创新影响效应的动态变化和空间差异，以刻画孵化器对企业创新时空变化的全貌，并分析其内在原因，旨在探究我国孵化器产业发展过程中存在的问题，并为孵化器产业的健康发展和创新创业事业的加快推进建言献策。具体来讲，本章首先基于实际数据对我国孵化器产业（主要是孵化器产业投资）的动态变化和空间布局进行多角度的基本分析，并结合实际情况分析其原因，以便我们对其有一个直观的认识并发现进一步实证研究的必要；其次，实证考察我国孵化器对企业创新影响效应的整体状况，以检验孵化器对企业创新有促进作用的结论在全国层面是否依然成立；再次，采用比较前沿的非参数面板时变系数模型来测度孵化器对企业创新影响效应的动态变化，其中非参数面板时变系数模型是用非参数方法来估计模型时变系数的前沿方法，在国内的应用尚属少见，其能够对每一时点孵化器对企业创新的影响效应进行准确测算；最后，测算和分析各个地区孵化器对企业创新影响效应的个性化差异，并结合所有制等地区特征深入分析地区差异的成因。

5.2　孵化器产业动态发展与空间差异的基本分析

在具体实证分析孵化器对企业创新促进效应的时间和空间差异之前，我们首先基于实际数据进行基本的描述性统计分析，以对我国孵化器产业发展（此处主要是孵化器投资规模）有一个基本且直观的把握，并为后续分析做铺垫。具体地，在时间层面上，将对我国孵化器产业发展的各个主要阶段进行深入分析。首先，在空间层面上从多个维度考察孵化器投资规模的地区差异，包括考虑和未考虑地区经济发展和创新水平时的地区差异，以及孵化器使用效率的地区差异；其次，上升到时间维度考察各地区孵化器投资规模差异的动态变化情况，并结合地区特征分析其内在原因；最后，计算孵化器产业发展的集中化指数和锡尔系数，并对我国孵化器产业发展的空间布局和地区差异情况进行总结。

5.2.1 我国孵化器产业的发展特征

自 1987 年我国第一家科技企业孵化器在武汉东湖成立以来，我国孵化器建设事业逐浪改革开放大潮，30 多年来从无到有、从小到大，尤其在 2005 年后呈加速发展态势，其数量由 2005 年的 535 个，上升到 2010 年的 896 个，再到 2015 年的 2500 多个，无论在数量上还是质量上，都呈现出健康、规范、有序的发展势头。1995—2015 年我国孵化器场地面积和在孵企业总收入见图 5-1。

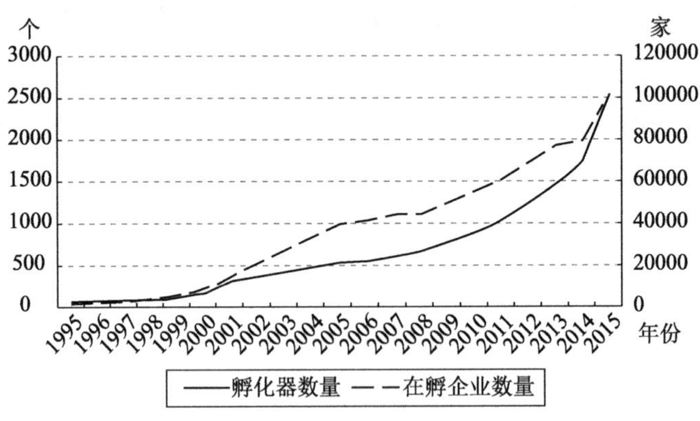

（a）1995—2015年我国孵化器和在孵企业数量

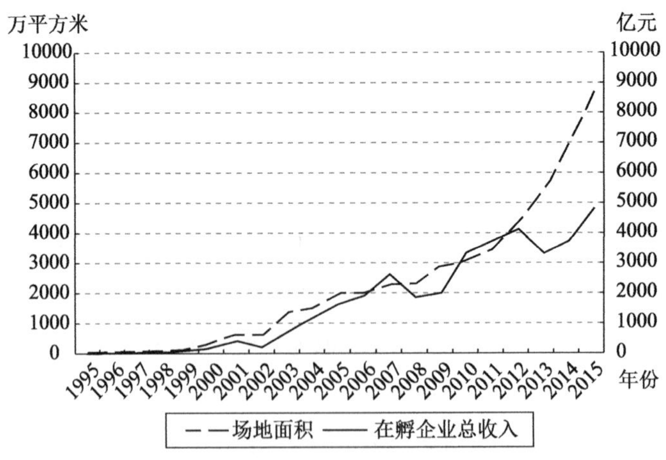

（b）1995—2015年我国孵化器场地面积和在孵企业总收入

图 5-1 1995—2015 年我国孵化器相关指标走势

具体来讲，我们可以将 1987 年我国第一家孵化器成立以来至今，我国孵化器产业发展状况大致划分为四个阶段。

2000 年之前可视为第一阶段。这一时期我国孵化器产业缓慢发展。随着改革开放，我国逐渐开启了创新发展之路，不断探索孵化器的建设与发展。这一时期我国孵化器经历了从无到有，开启了我国的“孵化器时代”。然而，受经济发展水平和国民创新意识薄弱的影响，这一时期我国孵化器发展一直比较缓慢，并且从地域分布上看，主要集中在北京、上海、武汉等东部地区的重点城市。

2001 年至 2007 年可视为第二阶段。这一时期我国孵化器产业快速发展。进入 21 世纪以来，在科学发展观的战略指导下，我国创新工作不断开拓新局面。同时，这一时期国家不断加大对孵化器产业的重视力度，不断出台相关政策措施来促进孵化器发展。在此背景下，这一时期我国孵化器产业得到迅猛发展，在孵企业数量从 2000 年的 8653 家上升到 2007 年的 44750 家，与第一阶段相比有了质的提高。同时，此时期我国孵化器产业不断向中西部地区以及二三线城市辐射推广。

2008 年金融危机开始到 2013 年可视为第三阶段，这一时期我国孵化器产业缓慢发展。该阶段首先是受 2008 年全球金融危机的影响，我国经济各方面均受到严重影响，孵化器产业也受到沉重打击，各地区孵化器数量均有不同程度的下降。金融危机过后，从 2009 年开始随着我国经济的快速恢复，孵化器产业的发展态势也得以回升。随着我国经济发展进入新常态，我国经济发展处于增速下降、结构调整以及引擎转换的“三期叠加”阶段，并且因改革攻坚期的改革阻力，我国孵化器产业发展也受到一定程度的影响。可以看出，各地区孵化器数量呈现波动中缓慢上升态势，即说明这一时期总体来看我国孵化器产业处于缓慢发展的时期。

2014 年至今可视为第四阶段，在新的历史起点上，我国孵化器产业再次得到迅猛发展。近年来，面对经济新常态和经济发展的重要机遇期，我国政府以推进供给侧结构性改革为主线，加速经济结构转型升级，培育创新驱动发展新动力，提升经济增长的质量和数量。2012 年底，我国政府提出创新驱动发展战略，明确了创新对经济转型发展和新旧动能转换的重要作用。2014 年又提出“大众创业、万众创新”战略，推动我国创新创业进入前所未有的蓬勃发展时期。2016 年国务院办公厅印发的《关于建设大众创业万众创新示范基地的实施意见》明确指出，“要以促进创新型初创企业发展为抓手，以构建双创支撑平台为载体”。孵化器逐渐成为创新驱动发展的重要载体和“大众创业、万众创新”的有力抓手。同时，国务院也不断出台针对孵化器产业发展的若干指导意见，这些都助推了我国孵化器产业进入前所未有的发展时期。2014 年以来，孵化器产业一改前一时期缓慢发展的局面，我国各地区的孵化器在数量上均出现了迅猛上升的态势。

以上主要说明的是孵化器数量和规模的时代变迁，而从孵化服务、孵化绩效等方面来看，我国孵化器产业同样得到不断进步和完善。例如，从孵化器的服务类型来看，我国孵化器从早期的以提供物理空间和基础设施为主发展到今天提供软硬件全方位服务，并且孵化网络逐渐形成，孵化绩效不断提升。

5.2.2 我国孵化器产业的空间布局

1. 孵化器产业空间布局的静态分析

上文用图表和数据展示了我国孵化器产业的蓬勃发展状况，下面我们继续基于实际数据来分析我国孵化器产业发展的空间布局和地区差异。首先看东部、中部、西部及东北四大区域的孵化器产业发展情况。如图 5-2 所示，东部地区孵化器数量和在孵企业数量均远高于其他三个区域，东部地区两者占比分别为 65%和 63%，说明我国的孵化器资源主要集中于经济发达的东部沿海地区，地区不平衡现象比较严重。

由于各省份的经济发展和创新能力存在巨大差异（见图 5-3），以上对其孵化器数量和在孵企业数量的直接、简单的比较并不能根据各地区经济发展和创新水平来衡量孵化器产业的地区差异。鉴于此，下面我们通过分别考察各地区经济水平和创新能力与孵化器产业的关系，来分析各地区孵化器产业与当地经济水平和创新能力的匹配度，从而实现对孵化器产业地区差异的进一步精确分析。2015 年各地区孵化器数量与地区 GDP 和地区专利申请量关系散点图如图 5-4 所示。

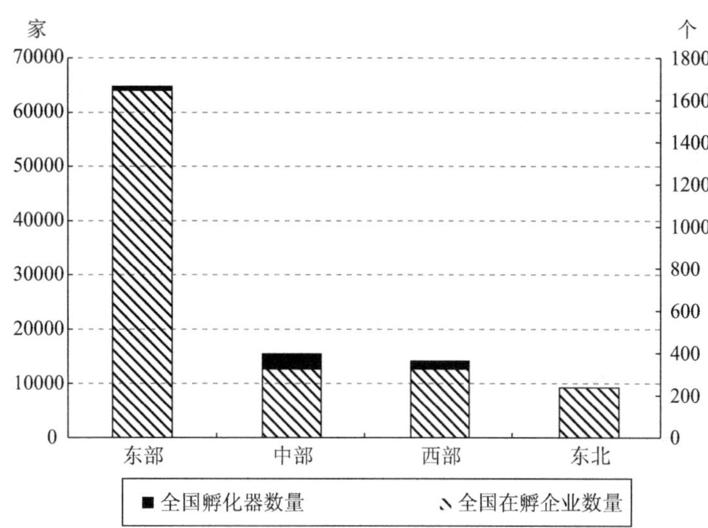

图 5-2　2015 年我国四大区域孵化器数量与在孵企业数量分布

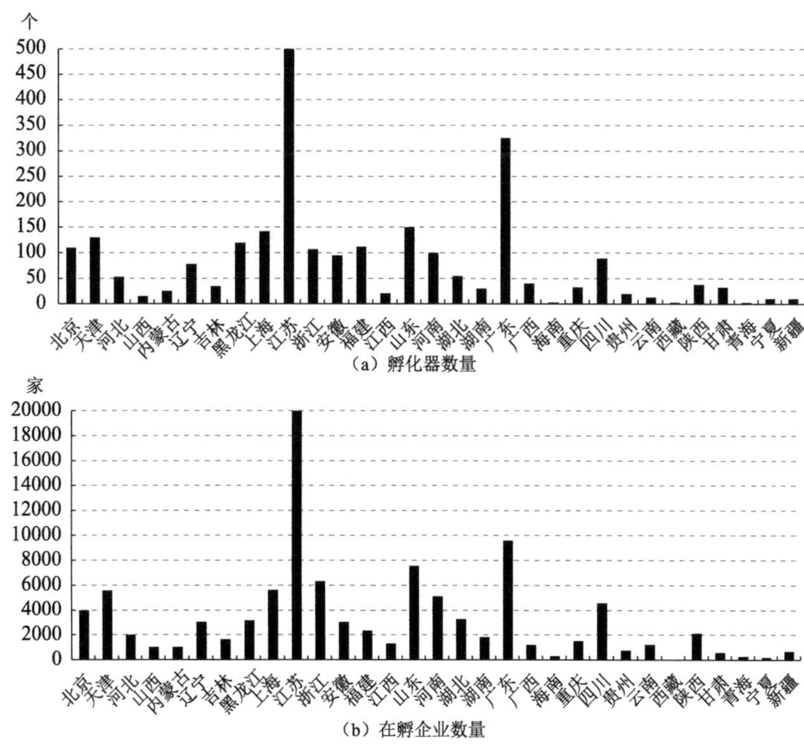

图 5-3　2015 年我国各地区孵化器数量与在孵企业数量分布

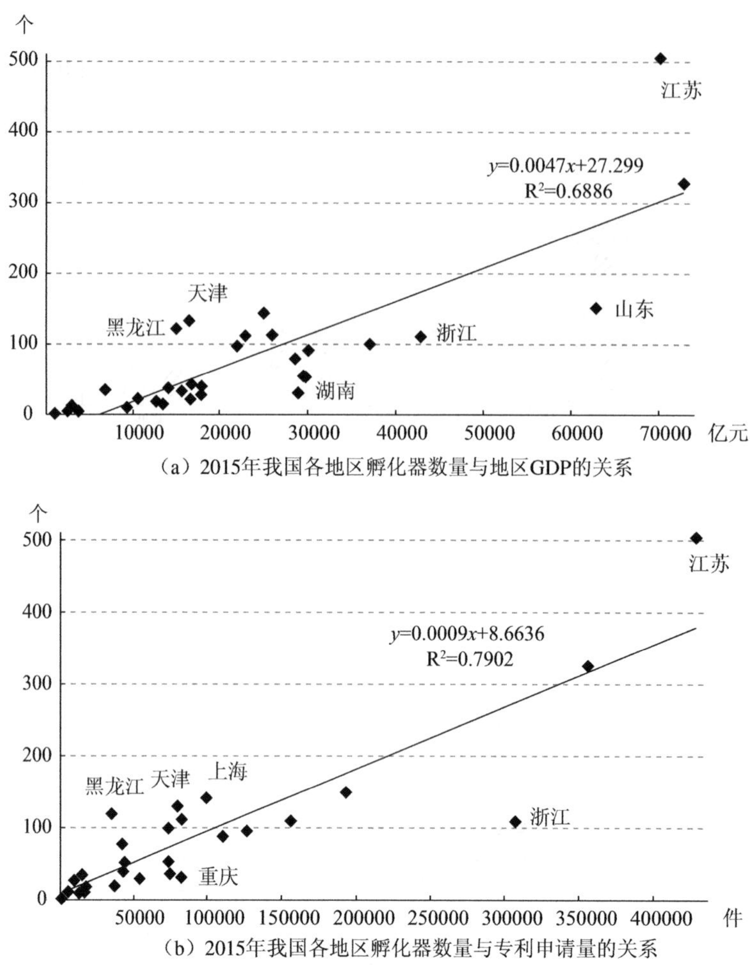

（a）2015年我国各地区孵化器数量与地区GDP的关系

（b）2015年我国各地区孵化器数量与专利申请量的关系

图 5-4　2015 年我国各地区孵化器数量与地区 GDP 和地区专利申请量关系

首先，由孵化器数量与地区 GDP 的关系可知，两者呈现明显的线性相关关系，拟合优度接近 0.7，说明各地区孵化器数量与经济发展水平具有较为显著的正相关关系，表明我国孵化器产业从各地区经济发展水平来讲有比较均匀的分布。所以，虽然从绝对数上讲，我国孵化器投资规模存在明显的地区不均衡，但是近年来在东部发达地区孵化器产业辐射带动下，以及在各地政府的积极扶持下，三四线及中西部地区的孵化器产业也得到了较好的发展，至少可以与当地经济发展和创新水平实现较好的匹配。

其次，也有部分地区明显偏离拟合趋势线，说明其孵化器产业发展水平与经济发展水平匹配度较低。具体而言，从匹配比例上看，黑龙江、天津、江苏等地区的孵化器数量明显大于其经济发展水平，说明这几个地区的孵化器产业得到了迅猛发展，孵化体系相对更加成熟，从而促进了当地创新创业水平，对当地经济发展有重要的引领作用。而湖南、浙江、山东等地区的孵化器数量明显小于其经济发展水平，说明这几个地区的孵化器产业落后于当地经济发展水平，孵化体系欠完善，对当地经济发展的提升作用有待进一步提高。由此可见，从与地区经济发展的匹配度上讲，并不是所有东部地区都具有很高的孵化器投资，也并不是所有中西部地区都具有较低的孵化器投资，我们应该根据各地区的经济发展情况来具体分析。

各地区孵化器数量与经济发展水平的偏离在很大程度上是由地区创新能力的不均衡所导致的，如山东省孵化器与经济发展水平不匹配主要是由于其地区整体创新水平相对欠佳①，孵化器作为创新系统的组成部分之一，没有得到充分的重视。为了进一步考察在控制地区创新能力的情况下地区孵化器产业发展状况，即考察地区是否重视孵化器在创新创业中的作用，我们继续分析孵化器数量与地区创新能力的关系。如图5-4（b）所示，两者亦呈现明显的线性相关关系，拟合优度接近0.8，同时，也有部分地区明显偏离拟合趋势线，即其孵化器产业发展水平与创新能力不匹配。具体而言，从匹配比例上看，黑龙江、天津、上海、江苏等地区的孵化器数量明显大于其创新能力，说明这几个地区十分重视孵化器在创新创业中的作用，孵化器产业得到了迅猛发展，对当地（当前及未来）创新能

① 一直以来，山东省以第一和第二产业为主，且国企众多，生产效率相对较低，整体创新能力欠佳。在供给侧结构性改革和创新驱动发展战略背景下，创新对于山东省经济发展的提升作用有待进一步提高。同时，作为创新驱动发展的重要载体，应发挥孵化器在创新创业中的重要作用，以更好地促进创新能力和经济发展水平的提高。

力的提升产生了重要作用。而重庆、浙江等地区的孵化器数量明显小于其创新能力，说明这几个地区并没有充分发挥孵化器在创新创业中的作用，孵化体系欠完善，其对当地创新能力的提升作用有待进一步提高。

最后，我们通过分析各省份孵化器数量与在孵企业数量的关系情况来考察各地区孵化器的入驻率情况，两者关系散点图如图 5-5 所示。可以看出，孵化器数量与在孵企业数量表现出了很强的线性关系，两者拟合优度高达 0.9335，说明我国绝大多数地区的孵化器均得到了较好的使用，并可以很好地吸引企业入孵，同时企业也积极地参与孵化。但是，从图中也可以看出，有个别地区偏离趋势线。其中，浙江、江苏、湖北、山东等地区相较于其他地区来讲，其在孵企业数量明显高于孵化器数量（从两者比例上看，下同），入驻率相对较高。说明这些地区的孵化器产业发展程度高、功能更加完善，因而能够吸引更多的企业参与孵化，同时该地区创新创业氛围活跃，大众认知程度和宣传力度较大，企业入孵意愿更加强烈。总之，这些地区的孵化器资源得到了高效的使用。而甘肃、福建、黑龙江、广东等地区相较于其他地区来讲，其在孵企业数量明显低于孵化器数量，入驻率相对较低①，说明该地区的孵化器资源没有得到充分的利用，

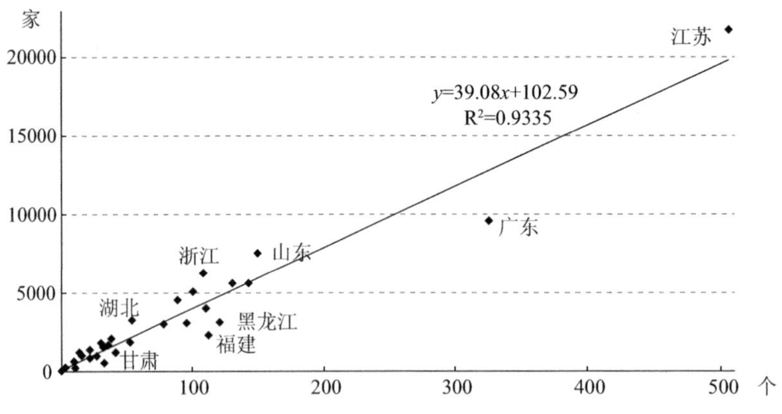

图 5-5　2015 年我国各地区孵化器数量与在孵企业数量关系

---

① 电商园区专家吴伟指出，当前我国孵化器产业存在的一个重要问题是入驻率低和流失率高，尤其是在经济相对不发达的省份。

存在一定的闲置和浪费。这一方面是由于这些地区孵化器经营方式粗放单一，孵化服务相对低端；另一方面是由于其创新创业环境比较薄弱，大众对创新创业缺乏理解，创新创业积极性和企业入孵动机有待进一步提高。当然，孵化器入驻率较低还有可能是因为孵化器数量过多，而这与忽视地区特点的盲目过度投资有关系。此外，可以看出，孵化器入驻率较低的地区多为经济欠发达的地区。

2. 孵化器产业空间布局的动态分析

在上述静态分析的基础上，继续分析各地区孵化器产业在近年来的发展态势，以实现对空间分布和地区差异的动态考察。观察和分析 2007—2015 年各地区孵化器数量走势（图略）可以看出，2007 年以来绝大多数地区的孵化器数量呈现波动上升态势，说明近年来我国大部分地区的孵化器产业都得到了较好的发展。同时，各地区孵化器发展也存在较大的差异。所有地区在金融危机之前，孵化器产业发展水平均比较稳定且发展速度并没有表现出很大差异。而在金融危机之后，江苏、广东、山东、浙江、天津五个地区的孵化器产业发展异常迅猛，其余地区发展速度则相对比较缓慢且稳定。其中，最为典型的是江苏省，其孵化器产业发展在金融危机之前一直都没有表现出与其他地区有太大差异，而在金融危机之后的年份却呈现直线上升态势。也就是说，我国孵化器产业发展的地区差距是在金融危机之后真正拉开的。那么，是什么导致我国各地区孵化器产业的发展速度在金融危机之后出现巨大差异？江苏等地区的孵化器产业在金融危机之后是如何实现异军突起的？究其原因，在政府的科学引导和社会公众的广泛参与下，江苏走出了一条特色鲜明的“江苏模式”道路，同时被国内同行专家誉为“江苏速度”。

不同于江苏省的异军突起，作为全国第一家孵化器诞生地的湖北省，近年来并没有表现出其明显优势，除武汉市孵化器产业发展较好之外，全省其他地区的孵化器产业均比较落后。本书认为可能的原因有以下三点：第一，新时期，孵化器产业发展过程中必然会产生一些新的问题，如解决得不及时不彻底则会影响孵化器产业的进一步发展；第二，在孵化网络和核心孵化器辐射能力的影响下，当前我国孵化器呈现出以一二线核心城市为中心，全国遍地开花的良好发展态势，而对于湖北省而言，近年来一直是武汉市一枝独秀，说明湖北省没有形成核心城市孵化器的辐射带动效应，城市之间的创新创业能力尚未形成较好的竞争和激励机制，这也正是湖北省今后应当重视的地方；第三，湖北省总体来看缺少较好的政策指引，也成为近年来孵化器产业没有得到快速发展的原因之一。

此外，我们可以看出，两个重要的国家级科技创新中心城市北京和上海，在金融危机之后并没有表现出强劲的发展态势。本书认为这两个地区的发展态势有其特殊的原因：金融危机后北京和上海所实施的制造业“空心化”① 和“腾笼换鸟”的产业结构调整策略是导致其孵化器产业发展缓慢的主要原因。产业结构的大幅度调整及一些传统产业的外迁使北京和上海的孵化器产业受到严重影响，同时其区域创新能力也出现明显下降。正因为如此，在该时期，北京和上海逐渐被江苏、广东等地区赶超。

从我国各地区孵化器产业发展的差距中总结经验与教训，可以看出，对于我国的实际情况而言，政府引导和政策扶持是支持孵化器发展的根本保证，区位优势和资源禀赋条件是孵化器发展的重要基础，不断应对和解决新时期孵化器功能转型中所遇到的问题是突破发展瓶颈的关键，而充分发挥核心城市的引导、辐射和带动作用是必要条件。因此，各地区应进一步细化和完善孵化器相关政策，优化孵化器发展的生态环境。

3. 基于集中化指数与锡尔系数的分析

为了更加直观地观察近年来我国孵化器产业地区差异的变化趋势，并对上述一系列描述性统计分析进行归纳总结，计算 2007—2015 年各年份孵化器产业发展的集中化指数和锡尔系数。

（1）集中化指数。我们采用集中化指数测度我国孵化器产业的空间集中化程度（集聚程度）。集中化指数常被用来测度地理要素的空间集中程度或是经济要素的专门化程度，其计算公式如下：

---

① 所谓制造业城市空心化是因为北京、上海等特大城市空间有限，地价猛涨，造成制造业人力和资金负担过重，从而不得不从城市中心地带外迁。

$$I = \frac{\sum_{i=1}^{n} z_i - \sum_{i=1}^{n} i\ \bar{y}}{\sum_{i=1}^{n} 1 - \sum_{i=1}^{n} i\ \bar{y}} \tag{5-1}$$

其中，I 为集中化指数；n 为研究区域个数，本书为 31；$\bar{y}$ 为我国在孵企业在 31 个省份均匀分布时所占的比重；z_i 为 i 个省份在孵企业占全国的比重①，即 $z_i = \sum_{j=1}^{i} y_i$，其中 $0 < j \leqslant i$。I 的值在 0 和 1 之间，I 越接近于 1，表示在孵企业分布越集中，越接近于 0，表示在孵企业分布越均匀。

（2）锡尔系数。我们继续采用锡尔系数来衡量我国孵化器产业的地区差异，公式如下：

$$L = \sum_{i=1}^{n} p_i \lg\left(\frac{p_i}{y_i}\right) \tag{5-2}$$

其中，L 为锡尔系数；n 为研究区域个数，本书为 31；p_i 为各地区 GDP 占全国比重；y_i 为各地区在孵企业占全国比重。L 越大，表示在孵企业分布省际差异越大，反之越小。

计算出 2007—2015 年每年的集中化指数和锡尔系数，如图 5-6 所示。可以看出，集中化指数呈现逐年增长态势，而锡尔系数则呈现逐年下降态势。虽然侧重点有所不同，但两者都反映了地区差异，所以其走势在理论上应该是一致的，而为什么在本书中出现了不一致？仔细观察两者公式的差异可知，集中化指数测度的仅是我国在孵企业的空间集中程度，而锡尔系数则同时考虑了各地区的经济发展程度，反映的是各地区在孵企业与当地经济发展水平的匹配情况。由此可知，我国孵化器产业集群现象明显，而且在规模上存在明显的地区差异，并且近年来有不断扩大的趋势，这与上文的分析结果相一致；而当同时考虑各地区的经济发展水平时，各地区孵化器规模差异又有所减小，说明在我国东部地区孵化器产业迅猛发展的同时，孵化器产业也产生了较好的辐射效应，正在由东部地区

① 由于我国各地区孵化器的使用效率存在差异（已在上文证实），所以，本书在计算集中化指数和锡尔系数时采用在孵企业数量，其更加能够反映出地区孵化器产业的发展情况。

向中西部地区扩散，我国孵化器产业空间格局正向好发展。

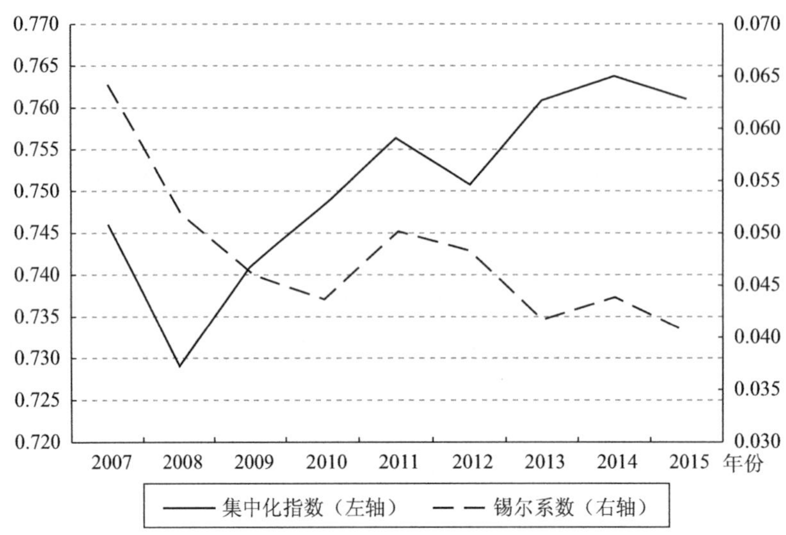

图 5-6　集中化指数和锡尔系数走势（2007—2015 年）

4. 我国孵化器产业发展的空间差异分析小结

以上通过描述性统计分析展现了我国孵化器产业（在此主要是指孵化器投资规模）的空间布局和地区差异。研究发现，无论从水平还是从增幅上看，我国孵化器产业都存在空间分布不均、地区差异明显的现象，孵化器资源较多地集中在了东部地区，特别是仅江苏省的孵化器数量就占到了全国孵化器总量的 1/4，而很多西部省份孵化器产业处于刚刚起步阶段，孵化器资源相当匮乏。同时，从时间维度上的进一步分析发现，各地区之间的差距主要在金融危机之后逐渐拉开，政府扶持、区位优势等因素造就了有些省份的迅速崛起，如著名的“江苏模式”。此外，我国孵化器产业在地区发展不均衡的同时也呈现出集群态势。

当考虑地区经济发展和创新水平时，进一步的分析使我们得到了更丰富更细致的结论。其中的一个重要发现是，从与地区经济发展匹配度上看，我国孵化器规模地区差异近年来呈现逐渐缩小趋势，这说明虽然从全国来看存在地区差距，但是我国大部分地区都形成了较好的辐射带动作用，孵化器产业逐渐向三四线城市及中西部城市扩散，我国孵化器产业的空间格局正向好发展，进而推动我国区域协同创新的加快落实①。

在此基础上，我们提出关于加强对中西部地区孵化器建设的政府扶持力度、引导投资资金向中西部地区转移等相关政策建议。

由于孵化器数量基本可以代表孵化器产业的规模和发展状况，所以上述分析为我们直观地了解我国孵化器产业的空间分布和地区差异提供了帮助。但是，单纯的描述性统计分析尚不能检验孵化成效的地区差异，也未能展现孵化器的区域辐射效应。鉴于此，本章接下来利用固定效应模型实证检验孵化器对企业创新的影响及其地区差异，以更加严谨地考察孵化器孵化功能和孵化绩效的地区差异，并将在第 7 章利用动态空间杜宾模型实证检验孵化器对企业创新的空间溢出效应，以对孵化器的辐射带动效应以及在区域协同创新中的重要作用进行更好的解释。

5.3　孵化器对企业创新促进效应的全国总样本检验

在分析我国孵化器对企业创新影响效应的动态变化和空间差异之前，我们首先从总体上检验我国孵化器对企业创新的影响效应，以考察全国宏观层面的检验结果是否与上文微观层面的检验结果相一致。

5.3.1　研究设计

根据创新经济学相关理论，宏观层面上孵化器对创新影响的基本模型可以设定为：

$$\ln patent_t = \alpha_0 + \alpha_1 hatch_t + X_t\beta + v_t A + B + \varepsilon_t \tag{5-3}$$

其中，被解释变量 $\ln patent_t = (\ln patent_{1t}, \cdots, \ln patent_{Nt})'$ 为创新能力，用各地区专利申请授权量表示；主要解释变量 $hatch_t = (hatch_{1t}, \cdots, hatch_{Nt})'$ 为各省在孵企业数量；X_t 为控制变量向量，主要包

① 《中国创新发展报告（2016）》指出，我国区域创新差距正不断缩小。

括开放程度、投资增长速度、外商直接投资水平、高等教育水平；v_t 代表时间效应，$A=(1,\cdots,1)'$；$B=(\varpi_1,\cdots,\varpi_N)'$代表地区效应；$\varepsilon_t=(\varepsilon_{1t},\cdots,\varepsilon_{Nt})'$为误差项。

本部分使用2010—2015年我国31个省份的相关数据。按照常规做法，本书用各地区专利申请数量表示创新水平，用各地区在孵企业数量表示孵化水平。除此之外，本书还对地区开放程度、投资增长速度、外商直接投资水平、高等教育水平等因素进行了控制。其中，地区开放程度=地区进出口总额/地区GDP，投资增长速度=地区当年固定资产投资额/地区上年固定资产投资额-1，外商直接投资水平=地区实际利用外商直接投资额/地区GDP，高等教育水平=地区普通高等学校在校人数/地区总人口数。以上数据来源于《中国火炬统计年鉴》《新中国六十年统计资料汇编》《中国统计年鉴》以及《中国科技统计年鉴》。

5.3.2 实证结果及分析

首先基于全国总体样本，估计式（5-3）所示的面板固定效应模型，结果如表5-1中第1列和第2列所示。可以看出，无论是否加入控制变量，孵化器的系数均显著为正，说明孵化器与地区创新能力呈正相关。本书宏观和微观两个层面的实证结论得到相互印证，说明孵化器确实能够有效促进企业创新。

表5-1　全国总样本实证结果

变量	专利申请量	专利申请授权量	专利申请受理量	发明专利申请授权量	专利申请授权量（工具变量）
孵化器	0.375***	0.274***	0.269***	0.237***	0.239***
	(6.69)	(5.18)	(4.32)	(3.02)	(3.10)
投资增长速度		-1.484***	-1.662***	-2.231***	-1.199***
		(-5.79)	(-5.52)	(-5.87)	(-4.73)
高等教育水平		22.307**	19.286**	15.372**	16.147**
		(2.16)	(1.59)	(1.01)	(1.77)

续表

变量	专利申请量	专利申请授权量	专利申请受理量	发明专利申请授权量	专利申请授权量（工具变量）
开放程度		-0.582	-0.458	-0.613	-0.661
		(-1.50)	(-1.01)	(-1.07)	(-1.71)
外商直接投资水平		-0.087	-1.820	-2.778	-0.384
		(-0.31)	(-0.55)	(-0.67)	(-0.15)
常数项	6.952***	7.889***	8.558***	7.885***	8.209***
	(18.56)	(18.87)	(17.44)	(12.72)	(14.14)
地区效应	是	是	是	是	是
时间效应	是	是	是	是	是
R-squared	0.7465	0.5279	0.5253	0.3062	0.3815
N	186	186	186	186	155

控制变量方面，投资增长速度的系数显著为负，其可能的原因是投资增长会在一定程度上对创新发展产生“挤出效应”；外商直接投资水平的系数为负值，但不显著，这在一定程度上印证了中国自 20 世纪 90 年代开始采取的以市场换技术的战略并不成功（孙晓华等，2009；原毅军等，2010）；高等教育水平的系数显著为正，与理论预期一致；开放程度的系数为负，但不显著，随着我国更多地融入国际市场，会提升创新水平。

5.3.3　稳健性检验

我们将从替换因变量、替换估计方法以及考虑空间效应三个方面进行稳健性检验。

替换因变量：除了国内专利申请授权数，本书继续使用国内专利申请受理量（ln*patentapply*）和发明专利申请授权量（ln*invention*）来衡量各地区的自主创新能力。实证结果如表 5-1 中第 3 列和第 4 列所示，可以看出，孵化器系数均显著为正，且控制变量也没有显著变化，研究结果比较稳健。

替换估计方法：在如式（5-3）所示的计量模型中，企业是否进入孵化器很有可能会受到其创新水平的影响，即存在内生性问题。鉴于此，为避免内生性问题带来的估计偏误，本书借鉴关于内生性处理的常用做法，采用在孵企业数量的滞后项作为工具变量，对式（5-3）重新进行估计。具体回归结果如表5-1中第5列所示，实证结果没有实质性变化，说明研究结论比较稳健。

考虑空间效应：由于地区间技术溢出效应的存在，所以各个地区之间的创新发展很有可能存在空间相关性。鉴于此，为避免忽视空间效应导致的估计偏误，本书在式（5-3）的基础上构建空间面板模型并进行估计，具体结果将在下文详细论述。

5.4 基于时间特征的异质性效应

近年来，我国经济呈现出新常态，给我国创新事业带来了机遇和挑战：一方面，创新是引领新常态的根本之策，创新驱动发展势在必行；另一方面，结构调整的阵痛①，以及人口红利减少、生产要素成本上升、资源配置效率和要素供给效率下降等问题的出现，给新常态时期的创新活动带来了一定的阻力。孵化器作为国家创新体系的重要组成部分，其作用的发挥是否也受到新常态的影响？新时期如何更好地发挥孵化器对创新创业的重要作用以更好地引领新常态？由本章5.2节的数据分析可知，我国孵化器产业有着明显的阶段性发展特征，那么，孵化器对企业创新的促进作用是否也具有明显的阶段性特征？为此，本节将从宏观和微观两个层面来测度孵化器对企业创新影响效应的动态变化，以期对我国孵化器产业的发展成效有一个更好的把握，并为进一步的发展方向提供科学指引。

① 新常态意味着我国进入增长速度换挡期、结构调整阵痛期和前期刺激政策消化期“三期叠加”的时期。

5.4.1　非参数时变系数面板模型设计

我们首先从宏观层面，采用比较前沿的非参数时变系数面板模型来检验孵化器对企业创新的动态影响。非参数时变系数面板模型具有明显优势：一方面，从技术上看，参数模型有时会存在一定的不足，特别是有时会造成模型设定偏误，进而其估计量可能会违背一致性原则，而非参数模型能够有效规避这些不足，从而取得更好的估计结果；另一方面，也更为重要的是，非参数时变系数面板模型能够测算得出模型影响系数随时间的变化情况，在本书中即为能够较为准确地测算孵化器对企业创新的动态影响。因此，非参数时变系数面板模型是实证检验孵化器对企业创新的动态影响的有力工具。

参考式（3-11），我们设定模型如下：

$$Y_{it} = X_{it}{}^{T}\beta_t + \gamma_t + \alpha_i + e_{it},\ i = 1,\ \cdots,\ N,\ t = 1,\ \cdots,\ T \tag{5-4}$$

其中，Y_{it} 为因变量，即各地区专利申请量 $\ln patent_{it}$；X_{it} 为解释变量，包括各地区在孵企业数量、开放程度、投资增长速度、外商直接投资水平、高等教育水平；$X_{it} = (X_{it,1},\ \cdots,\ X_{it,d})^T$，$\beta_t = (\beta_{t,1},\ \cdots,\ \beta_{t,d})^T$，所有的 γ_t 和 β_t 均为关于时间 t 的未知函数，时变系数 β_t 表示各解释变量对被解释变量的动态作用机制，d 为解释变量个数；α_i 和 γ_t 分别为个体效应和时间效应；e_{it} 为误差项；N 为个体个数；T 为时间长度。

目前，关于时间序列时变系数模型的研究较多，而对面板时变系数模型的研究却比较匮乏。参照 Li 等（2011）的做法，本书使用平均局部线性估计方法（Averaged Local Linear Estimation Method）估计如式（5-4）所示的非参数时变系数面板模型。首先，对数据进行组内去均值处理。进一步定义 $Y_{\cdot t} = \frac{1}{N}\sum_{i=1}^{N} Y_{it}$，$X_{\cdot t} = \frac{1}{N}\sum_{i=1}^{N} X_{it}$，$e_{\cdot t} = \frac{1}{N}\sum_{i=1}^{N} e_{it}$，对个体 i 取平均，并且利用 $\sum_{i=1}^{N} \alpha_i = 0$，可得：

$$Y_{\cdot t} = X_{\cdot t}{}^{T}\beta_t + \gamma_t + e_{\cdot t},\ t = 1,\ \cdots,\ T \tag{5-5}$$

式（5-5）中，个体效应 α_i 已被消除，即可视为非参数时变系数时间序列模型（Robinson，1989；Cai ，2007）。式（5-5）中的 $\gamma(\cdot)$ 和 $\beta(\cdot)$ 可使用非参数方法直接估计得到。

令 $Y = (Y_{\cdot 1}, \cdots, Y_{\cdot T})'$，$\gamma = (\gamma_{\cdot 1}, \cdots, \gamma_{\cdot T})^T$，$B(X, \beta) = (X_{\cdot 1}{}^T\beta_1, \cdots, X_{\cdot T}{}^T\beta_T)^T$，$e = (e_{\cdot 1}, \cdots, e_{\cdot T})^T$，式（5-5）可写成向量形式：

$$Y = B(X, \beta) + \gamma + e \tag{5-6}$$

现在我们使用传统局部线性方法（Fan and Gijbels，1996）估计：

$$\beta_*(\cdot) = [\beta_1(\cdot), \cdots, \beta_d(\cdot), \gamma(\cdot)]^T$$

对于给定的 $0 < \tau < 1$，定义：

$$D(\tau) = \begin{pmatrix} 1 & X_{\cdot 1}^T & \frac{1-\tau T}{Th} & \frac{1-\tau T}{Th}X_{\cdot 1}^T \\ \vdots & \vdots & \vdots & \vdots \\ 1 & X_{\cdot T}^T & \frac{T-\tau T}{Th} & \frac{T-\tau T}{Th}X_{\cdot T}^T \end{pmatrix}$$

以及 $W(\tau) = diag[K(\frac{1-\tau T}{Th}), \cdots, K(\frac{T-\tau T}{Th})]$

假定 $\beta_*(\cdot)$ 二阶可导，使用泰勒展开式可得 $\beta_*(t)$ 关于 t 的近似函数关系式：

$$\beta_*(t) = \beta_*(\tau) + \beta'_*(\tau)(t-\tau) + O[(t-\tau)^2] \tag{5-7}$$

其中，$0 < \tau < 1$，且 $\beta'_*(\tau)$ 是 $\beta_*(t)$ 的导数。在式（5-7）局部近似基础上，$[\beta_*^T(\tau), \beta'T_*(\tau)]^T$ 可通过解下式最优化问题得到：

$$\begin{aligned} &\arg\min[\gamma - D(\tau)(a^T, b^T)^T]^T W(\tau)[\gamma - D(\tau)(a^T, b^T)^T]^T \\ &a \in R^{d+1}, \ b \in R^{d+1} \end{aligned} \tag{5-8}$$

于是，$\beta_*(\tau)$ 的局部线性估计为：

$$\hat{\beta}_*(\tau) = [I_{d+1}, O_{d+1}][D^T(\tau)W(\tau)D(\tau)]^{-1}D^T(\tau)W(\tau)Y \tag{5-9}$$

其中，I_{d+1} 为 $(d+1)\times(d+1)$ 维的单位阵；O_{d+1} 为 $(d+1)\times(d+1)$ 维的零矩阵。

核函数和带宽是面板非参数时变系数模型最重要的两个参数。关于带宽，借鉴 Li 等（2011）的做法，采用交叉验证法得到。关于核函数，本书选择如式（5-10）所示的 Epanechnikov 函数计算局部权重。

$$K(u) = 0.75(1 - u^2)I(|u| < 1) \tag{5-10}$$

基于 2010—2015 年各地区数据，采用非参数时变系数面板模型估计孵化器对企业创新的时变影响系数，进而刻画孵化器对企业创新的动态影响路径，估计结果（孵化器变量的时变系数）如图 5-7 所示。可以看出，2010 年以来，我国孵化器对企业创新的影响经历了一个近似倒“U”型的变化过程，整体呈现上升趋势，但 2013 年后又有所下降。

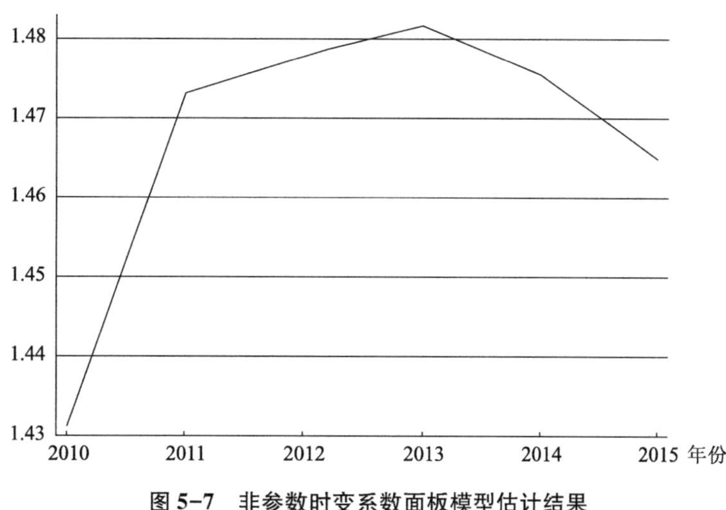

图 5-7　非参数时变系数面板模型估计结果

5.4.2　实证结果及分析

总结上述研究结果，近十年来我国孵化器对企业创新的促进效应经历了一个近似倒“U”型变化，即整体呈现上升趋势，但 2013 年后又有所下降。分析可知，这一变化趋势有其内在的深刻原因：

首先，孵化器产业的蓬勃发展使其对企业创新的促进效应呈现总体上升态势。正如上文所提到的，近年来我国孵化器产业不仅在数量和规模上发展迅速，而且已经从早期的以提供物理空间和基础设施为主发展到今天的提供软硬件全方位服务。总之，孵化服务不断升级，孵化体系日臻完善，孵化网络不断扩大，孵化绩效不断提升。也就是说，我国孵化器产业经历了一个从“器”之形到“业”之态的巨大转变。因此，孵化器对企业创新的促进效果在整体上是不断增强的。

其次，受新常态经济转型过渡期的影响，孵化器对企业创新的促进效应在2013年之后呈现减缓趋势。新常态时期，经济增速减缓，经济结构调整带来阵痛，各项改革步入攻坚期，给我国国民经济各项事业带来了许多困难和挑战。同时，人口红利减少、生产要素成本上升、资源配置效率和要素供给效率下降等问题的出现，给此时期的创新活动以及孵化器产业的发展带来了一定的不利影响。所以，如图5-7所示，孵化器对企业创新的促进作用在2013年之后出现放缓趋势。

最后，近年来我国孵化器产业出现的过度投资现象，以及孵化器落后的运营机制等弊端的日益凸显，导致其对企业创新的促进效应进一步减弱。同时，在政府大力支持创新，特别是在创新驱动发展和“大众创业、万众创新”的政策号召下，市场建立孵化器的热情日益高涨，孵化器数量迅猛增长。然而，很多地方政府过分强调招商、创收、创税等，盲目扩大孵化器规模，加上孵化器市场机制不完善，盲目竞争和投机现象严重，最终导致孵化器的过度投资，并产生了较为严重的后果。其一，孵化器规模庞大但缺乏核心孵化能力，即低端供给过剩而高端供给不足，很多孵化器仅限于提供物理空间而缺少实质性孵化服务，随着竞争的加剧和成本的提升，此类孵化器入不敷出，经营绩效急剧下降；其二，在近年来孵化器规模爆炸式增长的背景下，许多孵化器提供的均是同质化服务，同质化竞争和盲目竞争破坏了市场的竞争机制，同时使得孵化器失去核心竞争力，最终面临倒闭；其三，孵化器产业的定位盲目和过度投资导致资源配置效率低下，正如我们在前文所证明的：孵化资源在时间、行业、企业等方面的过度投资以及配置不合理会导致孵化效率的下降和孵化资源的浪费。此外，在过度投资的同时，正如本书第5章所分析的，当前我国孵化器存在的定位盲目、经营不善、运营和盈利模式[①]落后等弊端日益凸显。例如，孵化器与入孵企业间缺乏有效的利益捆绑机制，很多孵化器依旧主要依赖“一手拿政府补贴、一手拿入驻企业租金”的“二房东”模式盈利，骗取补贴现象频频出现；很多孵化器迫于运行压力，大量招入与其定位不相符的企业，或者直接招入成熟期、规模化企业，这些都严重阻碍了孵化效果的有效发挥。所以，如图 5-7 所示，孵化器对企业创新的促进作用在 2013 年之后逐渐放缓的基础上，又在 2014 年之后出现进一步放缓趋势。

新时期，我们要形成新常态下创新驱动发展的新动力，其中关键一点就是要充分发挥孵化器在整合和调动创新创业资源、推动创新创业事业不断发展中的重要作用，进而全力助推我国经济转向高质量发展。因此，新时期应探索孵化器发展新的突破口，实现其新的腾飞，同时应该以提高资源配置效率为导向，引导孵化器的合理投资，避免盲目过度投资，以促进我国孵化器产业的健康发展。总之，新时期应把握创新驱动发展的战略机遇期，战胜困难，不断探索孵化器产业发展的新路径和新模式，引领国民经济走向高质量发展。

5.4.3　稳健性检验

我们继续从微观层面，即采用中关村海淀科技园企业数据来检验孵化器对企业创新影响效应的动态变化。具体地，将 2007—2015 年划分为 2007—2009 年、2010—2012 年以及 2013 年至今共三个阶段，依次测度每个阶段孵化器对企业创新的影响效应。依旧采用 PSM-DID 方法，模型设定的具体形式同上文，实证结果如表 5-2 所示。可以看出，三个阶段孵化器变量的系数均显著为正，说明 2007 年以来孵化器对企业创新的促进效应一直都比较显著。同时，比较三者系数可知，三个阶段的促进效应存在明

---

① 当前我国孵化器的盈利模式主要有地产思维型、投资驱动型、创业培训型、产业链服务型、活动聚合型、媒体推广型、综合生态体系型等。其中，地产思维型和创业培训型最为常见，然后是产业链服务型。

显的差异，具体来讲，促进效应最大的是2010—2012年，其次是2013年至今，最小的是2007—2009年。这一结果与宏观层面的检验结果相一致，即说明近十年来孵化器对企业创新的促进效应呈现近似倒“U”型变化。

表5-2　稳健性检验结果

变量	2007—2009年	2010—2012年	2013年至今
是否孵化	0.694**	0.841***	0.714**
	(2.16)	(3.47)	(2.47)
企业规模	0.195***	0.346***	0.409***
	(4.14)	(6.23)	(5.43)
资本劳动比	0.0266	0.0228	0.0985**
	(1.38)	(0.95)	(2.56)
研发投入	1.230***	1.032***	1.215***
	(9.36)	(6.66)	(5.43)
所有制性质	0.155	0.576**	0.553
	(0.78)	(2.04)	(1.52)
所属行业	-0.763***	-1.034***	-1.479***
	(-4.67)	(-4.38)	(-4.73)
常数项	-7.453***	-6.625***	-6.820***
	(-33.61)	(-24.10)	(-17.80)
时间固定效应	是	是	是
个体固定效应	是	是	是
N	9107	6286	4484
adj. R^2	0.1040	0.1769	0.2102

5.5　基于地区特征的异质性效应

由本章5.2节关于我国孵化器产业发展空间布局情况的描述性统计分析可知，从孵化器投资规模和企业入孵参与度上看，我国孵化器产业发展存在明显的地区不均衡现象，东部地区明显优于中西部地区。那么，在孵化成效方面是否也是如此？孵化器的大规模投资是否一定会带来好的效果？地区的异质性特征是否会导致孵化成效存在地区差异？鉴于此，本节将结合全国（省级）层面实际数据实证分析我国孵化器对企业创新促进效应的地区差异。具体地，本节将从分区域子样本检验、估计各地区影响系数（固定效应变系数模型）、所有制的作用等三个角度实证分析我国孵化器对企业创新影响的地区差异，并讨论其内在逻辑。

5.5.1　东中西区域异质性效应

为了考察孵化器对企业创新促进效应的地区差异，本书将全国样本划分为东部地区和中西部地区①子样本进行实证检验。如表 5-3 所示，两个地区的影响系数均显著为正，但东部地区的影响系数大于中西部地区，这说明东部地区的孵化器服务成效强于中西部地区。

表 5-3　分地区实证结果

变量	专利数（东部，OLS）	专利数（东部，工具变量）	专利数（中西部，OLS）	专利数（中西部，工具变量）
孵化器	0.274***	0.556***	0.258***	0.086***
	(5.18)	(2.83)	(4.47)	(3.11)
投资增长速度	-1.484***	-0.810**	-1.731***	-0.037
	(-5.79)	(-2.02)	(-5.52)	(-0.26)
高等教育水平	22.307**	9.163	44.139***	4.978
	(2.16)	(0.85)	(2.74)	(0.97)
开放程度	-0.582	-0.730*	1.367	0.605***
	(-1.50)	(-1.79)	(1.41)	(2.99)

① 按照国家统计局对我国区域的划分，本书所涉及的东部地区包括北京、天津、河北、山东、上海、江苏、浙江、福建、广东、海南、黑龙江、吉林、辽宁 13 个省（市），其余地区为中西部地区。

续表

变量	专利数（东部，OLS）	专利数（东部，工具变量）	专利数（中西部，OLS）	专利数（中西部，工具变量）
外商直接投资水平	−0.087	0.315	−0.575	0.233*
	(−0.31)	(0.12)	(−0.10)	(0.169)
常数项	7.889***	7.230***	6.964***	
	(18.87)	(4.13)	(14.81)	
地区效应	是	是	是	是
时间效应	是	是	是	是
R-squared	0.5279	0.5293	0.7132	0.9918
N	186	54	132	186

本章5.2节通过实际数据说明了我国孵化器产业发展地区不均衡，东部地区在孵化器投资规模方面具有巨大优势。不仅如此，现在我们又证实了东部地区在孵化成效方面具有更为突出的表现。如果说东部地区在孵化器投资规模方面的成绩主要来源于政府的大力支持和社会公众的广泛参与，那么孵化成效的良好表现则主要是由于其在创新驱动发展、政府服务水平以及人才、资金等创新资源禀赋条件方面的明显优势。具体分析如下：

政策方面：中西部地区孵化器相关政策尚不完善，并且各地区对于孵化器政策的落实存在差异。以孵化器税收优惠政策为例，孵化器所能享受到的税收优惠力度存在明显的地区差异，东部地区明显优于中西部地区（程郁和崔静静，2016）。此外，中西部地区的政府服务水平普遍较低。这些都导致了孵化器对创新影响的地区差异。

人才方面：人才是孵化器产业发展的核心要素之一，我国孵化器大部分都集中在东部发达地区以及武汉、西安、成都等中西部核心城市，其主要原因之一是我国高等教育资源大部分集中于此。孵化器已成为高技术人才的集聚地和培育战略性新兴产业领军人才的摇篮。毫无疑问，东部地区在吸引人才方面有着明显的优势，因而导致中西部地区普遍缺乏发展孵化器产业的智力支持①。中西部地区在人才方面的劣势直接导致其具备行业专业知识的服务人员数量少，基础服务多而专业服务少，因此不利于孵化器孵化质量的提高。

资金方面：相比于中西部地区，东部地区有着明显的资金优势，各类天使投资、风险投资和私募股权投资机构云集，资本市场发达，为在孵企业获取外部资金提供了便利条件。其中，创业投资是中小微企业获取资金的重要途径，而我国创业投资存在严重的区域发展不平衡现象。据清科研究院统计，长期以来仅北京、上海、深圳、杭州、广州五个城市就聚集了全国 3/4 的创投资源。此外，目前我国创投资本热衷于追逐服务业，尤其是互联网等高技术创业项目。但从产业结构上看，中西部地区以实体经济为主，而东部地区侧重服务业，由此导致中西部地区对于实体经济转型升级有重要意义的技术创新型创业项目出现了严重“缺血”。由此可见，地区产业结构也是孵化器产业发展的重要影响因素。上文曾提到，资金问题是企业创新发展最大的瓶颈，自然也成为吸引企业入孵的最重要因素，因而资金的地区不均衡直接导致了孵化器孵化成效的地区差异。

创新资源聚集方面：除了人才和资金两方面的明显优势，东部地区创新资源聚集性强，使得孵化网络密度高，有利于网络平台效应的发挥，从而有利于为在孵企业获取匹配性资源。一方面，我国东部地区及中西部部分核心城市高校和科研院所云集，诸多孵化器即为高校和科研院所投资建立，使孵化器与高校科研院所之间产生了较好的协同效应（冯金余，2017），这不仅促进了孵化器产业的发展，而且为产学研的协同发展和深入融合提供了重要优势条件。另一方面，东部地区创新创业氛围活跃，各类企业众多，有利于在孵企业获取同行业及产业上下游的资源。

总之，东部地区在政府服务水平、创新资源基础、研发投入强度、创新驱动发展等方面的明显优势，不仅有利于其扩大孵化器投资，而且有利于提高孵化质量、扩大孵化网络、完善孵化体系，从而使得东部地区在孵

① 发达城市往往具有强大的“虹吸效应”，使得周边地区的优秀资源不断被吸入。

化器对企业创新的促进效应方面更胜一筹。

5.5.2 省际异质性效应

为了将孵化器对企业创新促进效应的地区差异精确到各地区，我们进一步采用固定效应变系数模型估计每个地区各自的影响系数。

对于面板变系数模型，通常的做法是采用似不相关回归（SUR）方法进行估计。SUR 方法要求回归方程的所有系数均为变系数，而这样做的不足在于，由于需估计较多的参数，所以会损失自由度，特别是对于本章样本量较小的情形而言更是如此。因此，作为一种折中的做法，我们考虑采用“部分变系数模型”（陈强，2014），即仅允许孵化器变量的系数依个体变化，而其他系数均不变，所以 SUR 方法不再适用。在这种情况下，由于各个体方程除了扰动项相关外，还拥有部分相同的系数，即跨方程约束。此时，我们可以采用最小二乘虚拟变量估计（LSDV），即在回归方程中引入个体虚拟变量进行估计。据此，在式（5-3）的基础上建立固定效应变系数模型如下：

$$\ln patent_t = \alpha_0 + \alpha_i hatch_t + X_t\beta + v_t A + B + \varepsilon_t \qquad (5-11)$$

其中，α_i 为各地区孵化器对企业创新的影响系数，其他变量含义同式（5-3）①。在估计模型之前，我们首先进行有关模型选择的检验，经检验（具体检验过程本书不再赘述），在此采用固定效应变系数模型是合理的。模型估计结果如表 5-4 和图 5-8 所示。模型拟合优度较高，说明变系数模型拟合效果较好。我们主要关注各地区孵化器对企业创新的影响系数，可以看出，所有地区的系数均显著为正，说明每个地区的孵化器均对企业创新有促进作用，再一次验证了本书的主要结论。进一步观察各地区系数的大小，如图 5-8 所示，表现出一定的差异。具体而言，东部地区的系数普遍略大于中西部地区，这与上文分区域子样本的检验结果基本一致。但是，我们同时发现北京、天津等部分东部城市的系数并不太大，这貌似与

① 同式（5-3），模型中的变量均为面板数据形式，如 $\ln patent_t = (\ln patent_{1t}, \cdots, \ln patent_{Nt})'$，下文同。

我们的认识不符，但仔细分析，其背后有着深刻的原因。

表 5-4　固定效应变系数模型估计结果

变量		估计值	t 值
孵化器	北京	1.392***	16.24
	天津	1.337***	14.75
	河北	1.313***	15.05
	山西	1.470***	13.15
	内蒙古	1.280***	12.02
	辽宁	1.282***	14.74
	吉林	1.275***	12.92
	黑龙江	1.386***	14.24
	上海	1.426***	16.09
	江苏	1.36***	18.20
	浙江	1.474***	17.90
	安徽	1.502***	15.68
	福建	1.496***	15.39
	江西	1.477***	13.59
	山东	1.354***	16.58
	河南	1.715***	7.77
	湖北	1.316***	15.05
	湖南	1.715***	7.77
	广东	1.486***	17.80
	广西	1.346***	13.10
	海南	1.715***	7.77
	重庆	1.514***	14.79
	四川	1.472***	15.80
	贵州	1.493***	13.03
	云南	1.315***	12.99
	西藏	1.627***	7.35
	陕西	1.326***	14.50
	甘肃	1.456***	12.21
	青海	1.229***	9.39

续表

变量		估计值	t值
孵化器	宁夏	1.475***	10.41
	新疆	1.500***	12.39
投资增长速度		0.2147	0.31
高等教育水平		142.095***	5.47
开放程度		5.002***	5.87
外商直接投资水平		49.175***	7.61
R-squared		0.8099	

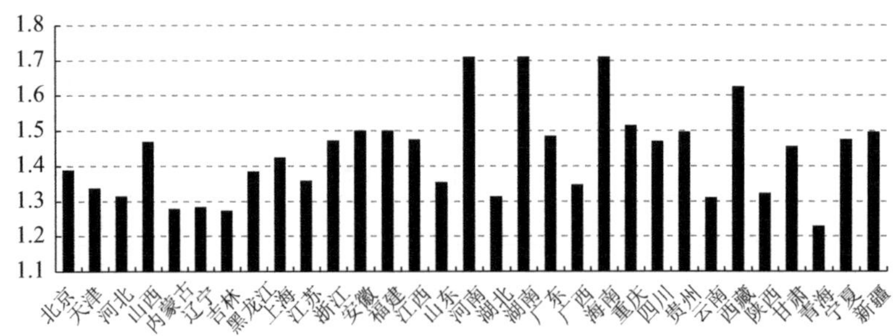

图 5-8　我国各地区影响系数

为什么北京、天津等东部发达城市有着相对较大的孵化器投资规模，而却在孵化成效方面没有展现出较好的成绩？究其原因，这与近年来东部地区部分城市孵化器“投资过剩”现象有关。正如上文所述，近年来我国各地区普遍加大孵化器投资，诸多孵化器纷纷建立，孵化器过度投资现象日益凸显。而这一现象在东部地区尤其突出（章涛，2008），部分东部发达城市在强有力的政府资助和扶持政策，以及强大的资源禀赋条件下实现了爆发式增长。但遗憾的是，由于存在对地区创新创业特点、产业结构特点以及自身发展特色的忽视，该类地区的孵化器产业在野蛮生长的同时，存在较为严重的定位盲目和过度投资、同质化竞争和盲目竞争现象，这严重破坏了市场竞争机制，导致资源配置效率低下；同时孵化器落后的运营机制等弊端日益凸显，使得很多孵化器失去核心竞争力，最终导致孵化效率大幅下降，甚至面临倒闭危机。

总之，东部地区部分城市对孵化器的过度投资使得孵化效率和资源利用效率开始下降。由此，我们看到了东部地区孵化器产业蓬勃发展的背后所存在的亟须解决的严重问题。一方面，应建立“天使+孵化”等市场化的孵化模式和盈利机制，改变过度依赖政府扶持的局面。另一方面，孵化器具有很强的地理属性，所以投资和发展孵化器产业应该立足本地特色，尤其是本地的创新创业环境以及产业结构、布局和规划，减少盲目过度投资，改善孵化服务质量，提高资源利用效率。如何促进孵化器产业优化升级和健康发展是当前我国孵化器产业发展应着重解决的问题。

5.5.3 基于地区所有制结构的异质性效应

考虑到所有制问题在转轨经济研究中的重要性，本书第4章用微观数据考察了所有制视角下孵化器对企业创新的异质性影响，研究发现，相较于非国有企业，国有在孵企业的创新能力提升不明显。我国是一个以公有制为主体的国家，并且在过去相当长的时期内，国有成分一直在我国各地区普遍占有重要地位。近些年来，面对公有制经济的种种弊端，我国各地区普遍展开了一系列所有制改革。在此背景下，为了进一步验证关于所有制角度的研究结论在全国层面是否成立，即国有比重越高的地区其孵化成效是否较低，本书基于省际面板数据进行实证分析。具体地，我们在式（5-3）的基础上加入所有制与孵化器变量的交互项，如式（5-12）所示。

$$\ln patent_t = \alpha_0 + \alpha_1 state_t \times hatch_t + X_t\beta + v_t A + B + \varepsilon_t \qquad (5-12)$$

其中，$state_t$ 为所有制变量，其他变量的含义同式（5-3）。此时，通过估计交互项的系数，我们可以考察孵化器对企业创新的影响的所有制差异。关于变量选取和数据来源，根据现有文献的常规做法，所有制变量用国有企业固定资产投资占比表示。国有企业固定资产投资占比即为国有企业固定资产投资占总固定资产投资比例，数据来源于《中国统计年鉴》及各省份统计年鉴。

实证结果（见表5-5）显示，孵化器变量与所有制变量的交互项显著为负，说明国有企业比重高的地区，孵化器对企业创新的促进效果相对较弱。这说明一方面与上文微观层面实证研究所得出的国有企业孵化成效欠佳的研究结论是一致的，并且进一步说明该现象在全国范围内普遍存在；另一方面，国企比重越高的地区，其孵化器产业更多地由政府主导，那么从理论上讲，政府部门对孵化器产业的重视和扶持力度相对更大，因而会更加有利于孵化器产业发展。然而为什么该类地区孵化器的孵化成效反而更弱？本书认为，主要原因有以下几点：

其一，政府主导下孵化器市场机制不健全，容易出现盲目投资和过度投资现象。近年来，该类地区凭借其在政府扶持政策方面的优势，不断增加孵化器投资，孵化器产业得到了快速发展。然而，孵化器投资的快速膨胀，导致孵化器市场同质化竞争和盲目竞争，孵化效率低下，最终出现了孵化器产业“产能过剩”现象，严重影响到孵化成效的提升。

其二，政府主导下孵化器经营模式落后，孵化效率低下。首先，政府主导下政府对孵化器的补贴和干预较多，孵化器往往对政府有过多地依赖，既缺乏经营的积极性和自主性，也缺乏专业的技术人才和工作积极性，关键性孵化服务跟不上，缺少自力更生的能力，最终不利于孵化质量的提高；其次，缺乏有效的激励机制，尤其是其资金管理方式往往缺乏经济激励。

其三，正如上文所论述的，在当前孵化器产业民间资本不断进入、市场化程度不断提高的背景下，国有企业逐渐失去了寻租优势，并且由于本身具有相对较低的创新激励和创新活力，使其孵化成效不够明显。相反，孵化器产业的市场化力量给非国有企业提供了很好的发展舞台，特别是其在通过孵化网络获取资源方面更加积极和活跃，从而使其在孵化器的辅助下创新能力得到较大提升。这再次说明了我国建立孵化器产业公平竞争的市场机制、促进要素自由流动、激发微观个体活力的重要性。

此外，我们还做了稳健性检验。首先，考虑到可能存在内生性问题，我们将孵化器变量的滞后项、孵化器变量与所有制变量交互项的滞后项作为工具变量进行回归，估计结果分别如表 5-5 中第 2 列所示。可以看出，估计结果与第 1 列相比没有明显差别，说明我们的研究结论比较稳健。其次，由于式（5-12）同时引入了孵化器变量及其与所有制变量的交互项，借鉴 Borenszteinet 等（1998）的做法，对孵化器变量和所有制变量均进行中心化处理（即平移成均值为 0）来避免多重共线性问题。实证结果没有实质性变化，说明结果比较稳健。

表 5-5　所有制角度的实证结果

变量	专利数	专利数（工具变量）
孵化器	0.281***	0.304***
	(5.32)	(2.81)
所有制×孵化器	-0.054*	-0.508**
	(-1.74)	(-2.19)
投资增长速度	-1.462***	-1.422***
	(-5.73)	(-3.78)
高等教育水平	22.319***	24.741*
	(2.81)	(1.85)
开放程度	-0.572	-0.524
	(-1.49)	(-0.96)
外商直接投资水平	-1.032	-1.427
	(-0.37)	(-0.39)
常数项	8.017***	7.275***
	(19.01)	(10.86)
地区效应	是	是
时间效应	是	是
R-squared	0.4081	0.5293
N	186	155

5.6 小 结

近年来，我国科技企业孵化器产业呈现出迅猛发展与倒闭危机并存、地区不均衡与辐射扩散并存的发展态势，这要求我们测度和分析孵化器对企业创新影响效应的动态变化和空间差异，为我国孵化器产业的健康发展提供科学指引。为此，本章首先基于实际数据对我国孵化器产业（主要是孵化器投资）的动态变化和地区差异进行基本的描述性统计分析；其次采用比较前沿的非参数面板时变系数模型测算孵化器对企业创新的动态影响；最后从分区域子样本检验、估计各地区影响系数（固定效应变系数模型）、所有制的作用等三个角度实证分析我国孵化器对企业创新影响的地区差异，并讨论其内在逻辑。

关于我国科技企业孵化器产业发展的动态变化和地区差异，研究发现：①自孵化器诞生的30多年来，我国孵化器产业总体蓬勃发展，并呈现出明显的阶段性发展特征。②无论从水平还是从增幅上看，我国孵化器产业都存在空间分布不均、地区差异明显的现象，孵化器资源较多地集中在了东部地区。同时，近年来我国大部分地区都形成了较好的辐射带动作用，孵化器产业逐渐向三四线城市及中西部城市扩散，我国孵化器产业的空间格局正向好发展。为此，未来应引导投资资金向中西部地区转移。

关于我国科技企业孵化器对企业创新影响效应的动态变化，研究发现：2010年以来，我国孵化器对企业创新的影响经历了一个近似倒“U”型的变化趋势，整体呈现上升趋势，但2013年后又有所下降。分析发现，我国部分地区孵化器过度投资和同质化竞争是导致近年来出现下降的主要原因。因此，在孵化器产业蓬勃发展的同时应减少盲目过度投资，提高孵化服务质量，提高资源利用效率，促进孵化器产业优化升级和高质量发展。

关于我国科技企业孵化器对企业创新影响效应的地区差异，研究发现：第一，总体上看东部地区优于中西部地区。这主要得益于东部地区在政府服务能力，以及人才、资金、产业结构升级等方面的禀赋优势和雄厚基础。第二，部分东部地区的孵化成效低于预期。东部地区孵化器投资迅猛增长的同时，由于盲目过度投资、同质化竞争等原因，部分城市存在孵化效率低下的现象。第三，所有制视角的检验发现，国有企业比重较高的地区孵化成效相对较弱。这一方面是由于国有经济比重高的地区其政府主导的孵化方式不利于孵化质量和孵化效率的提升；另一方面是因为当前孵化器产业市场化程度的不断提高不利于国有企业的优势发挥。

所以，关于我国孵化器产业的进一步发展方向，我国东部地区应在改善孵化质量、完善竞争机制上下功夫，并且应引导资金向中西部流动，继续加大中西部地区孵化器投资力度，并提高其政府服务水平。同时，各地区应“因地制宜”，根据当地特色建设专业孵化器。此外，我国科技企业孵化器的发展应当进一步加快从政府主导型向市场化的转移，政府应该从建设孵化器向营造孵化器环境转化，并在政府支持的基础上进一步加大公众参与力度，不断优化孵化器投资结构，倡导发展天使投资与创业孵化紧密结合的“孵化+创投”模式，鼓励民间资本进入，提高市场化水平，推进建立有序竞争、健康发展的孵化器市场。

第6章　孵化器促进企业创新的微观机制

6.1　引　言

根据上文关于孵化器对企业创新促进效应的相关研究可知，孵化器可以有效地促进企业创新，并且受诸多因素的影响，其促进效应又具有异质性特征。那么，孵化器是如何促进企业创新的？这将是本书接下来要回答的问题。在空间视角下，一方面，孵化器对企业创新具有直接影响；另一方面，孵化器对企业创新具有空间溢出效应，存在空间影响路径。两方面相结合才能完整地构成孵化器对企业创新的影响机制①。因此，本书将分别研究孵化器对企业创新产生影响的微观机制（第6章）和空间机制（第7章）。

孵化器对企业创新的促进作用首先体现在微观层面，探究孵化器促进企业创新的微观机制有利于把握孵化器发生作用的微观行为基础，是研究孵化器对企业创新影响机制的根本。此外，本章通过对各个机制的实证检验来发现问题、找准方向，以更好地发挥孵化器在创新创业中的重要作用。

近年来，孵化器对企业创新的促进机制越来越受到学者们的重视。诸多学者结合管理学理论，并借助问卷调查分析工具较为深入地探讨了孵化

① 当然，除了微观机制和空间机制外，经济基本面、政府相关政策等也是孵化器影响企业创新的重要因素。但由于微观机制和空间机制是两个最重要的机制，本书对两者着重进行研究，并在必要的地方对经济基本面、政府相关政策等其他因素进行分析。

器对企业创新的促进机制。例如，比较早的有林强（2003）、Maital 等（2008）、Bruneel（2012）等学者从筛选企业、匹配资源、与地区产业融合等角度探讨了孵化器的运行机制；而考虑到孵化网络的不断发展完善及其重要性的日益凸显，近年来越来越多的学者，如 Hughes 等（2007）、唐丽艳（2014）、李振华（2016，2017）等开始基于孵化网络来研究孵化器的运行机制。总结发现，现有研究多是从孵化网络、关系社会资本等理论角度深入分析孵化器在企业创新中的作用，其深刻的理论探讨为我们的进一步研究提供了很好的启示和参考。

然而，该类研究对于全面系统探究孵化器对企业创新的影响机制而言尚存在一定的不足：其一，诸多研究对该问题进行了比较深入的理论探讨，但大多仅是从某一个角度出发来分析孵化器如何对企业创新产生影响，尚缺少一个系统性的理论框架及在此基础上关于微观机制的实证研究；其二，从研究方法上来看，虽然现有研究基于实际企业数据，但基本上都是通过问卷调查等定性方法进行分析，不可避免地具有被调查者和研究者的主观性。同时，由于缺乏与我国孵化器产业发展实际的结合，难以得到真正切合客观情况的经验证据。此外，所使用的调查样本量普遍偏小（多数研究为一百余家企业），难以得出稳健且有说服力的研究结论。

有鉴于此，本书在现有研究关于孵化器对企业创新影响机制的详细探讨的基础上，结合企业创新驱动因素理论，设计一个关于孵化器促进企业创新微观机制的理论框架，并基于企业微观数据来实证研究孵化器促进企业创新的微观机制，以全面且深入地分析孵化器对企业创新影响效应的内在逻辑。具体地，本书首先从资源基础论出发，以孵化网络为背景，从管理效率、人才结构、融资水平、产学研合作、行业资源获取以及科技成果转化六大方面对孵化器促进企业创新的微观机制进行理论分析。在此基础上，结合中关村海淀科技园强大的微观数据基础，并运用机制研究的重要工具——中介效应模型，对上述六大机制，包括每一机制的内部结构进行检验，并比较和分析各机制的作用大小，从而实现关于微观机制的较为系统和完整的实证检验，以获取孵化器对企业创新影响机制的详细经验证据，并发现各影响机制及各环节所存在的问题。

6.2 理论分析与研究假设

资源基础论是解释新创企业成长的主要理论（Sirmon et al.，2007；冯金余，2017），诸多学者以资源基础论为基础来分析孵化器的运行机制和作用机理①。现代创新理论认为，创新速度和创新资源网络是企业创新的两个关键因素（洪茹燕，2012）。其中，创新资源网络来源于企业内部和外部的各种资源②（魏江等，2015），如果仅从内部积累资源，一方面时间长速度慢，甚至难以获取；另一方面难以发挥资源的比较优势，达不到创新成果的最优化。因此，从外部获取关键性创新资源是决定企业技术创新成败的关键（马鸿佳等，2010；Daghfous and White，1994）。尤其对于处于资源积累阶段的企业而言，其普遍面临自身资源匮乏的困境，更加需要依靠外部搜索获取匹配性资源。孵化器是企业获取资源并形成社会网络的最直接和最有效的途径（王汉光，2012），并且可以使企业直接、快速地享受到规模经济所带来的好处，节省成本，提高效率，因此，孵化器对创业和创新起到至关重要的作用。近年来，孵化器已逐渐取代MBA，成为企业获取外部资源的首选。

孵化器是连接在孵企业与外界环境的媒介，在此基础上，在孵企业、孵化器及投融资机构、研发机构等组织通过联合互动，形成以资源共享、合作共赢和风险共担为模式的孵化网络。在孵化网络中，在孵企业通过与产业链上下游及同行企业、投融资机构、大学与科研院所等主体建立长期稳定的资金、技术和商业联系，以获取各种匹配性创新资源（图6-1展示了我国孵化器所提供服务类型的分布情况），增强企业创新能力。同

① 比较典型的是刘成梅和蔡建峰（2016）从理论和实证两个方面详细分析了孵化网络、孵化器资源支持、在孵企业资源获取、企业绩效之间的关系。

② 企业内部资源主要包括企业内部研发、知识积累等资源；外部资源一般包括硬件资源、技术支持资源、制造支持资源、供应物流资源、市场资源、资金及资本市场资源、中介服务资源、政策资源、文化资源、品牌资源等（马凤岭，2008）。

时，随着互联网、大数据、云技术的发展和普及，越来越多的孵化器开始运用互联网思维打造云服务平台，从而各项资源可以实现更方便快捷的连接①（刘平，2012）。不仅如此，近年来，集线上创业圈、国际化资源圈、社交网络圈和云创业圈于一体的虚拟孵化器不断出现，其呈现出的“叠圈效应”② 使得孵化网络不再受地理位置的限制，作用范围进一步扩大，从而强化了其集成化平台作用的发挥（吕波，2015）。此外，孵化器产业的发展促进了企业和各类创新资源的集聚效应，从而壮大了孵化网络，而孵化网络的发展又进一步促进了企业间集聚，两者形成一种良性循环，增强了各类创新要素之间的交流合作，最终推动了科技企业的成长。

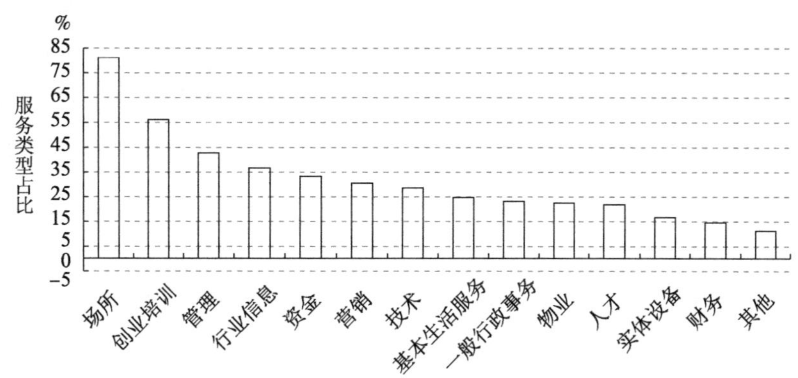

图 6-1　2016 年孵化器提供服务类型分布

资料来源：艾媒咨询《2016 年中国孵化器发展现状专题研究报告》。

孵化网络的重要作用必然要求我们从孵化网络的角度入手，探讨孵化器对企业创新的影响机制。结合企业创新的主要驱动因素以及在孵企业的资源需求情况，本书认为在孵化网络背景下，孵化器所提供的一系列孵化服务主要通过以下六个渠道对企业创新产生影响：

① 云孵平台是上海瞻云网络科技有限公司推出的一款智能化孵化器管理系统，是面向联合办公及孵化器的一体化信息管理解决方案。云孵平台是一款典型且已发展比较成熟的云服务平台，可以借助互联网技术实现更高效的管理，从而提高服务质量，完善服务体系；通过第三方企业入驻平台，为在孵企业提供更精准的服务，实现各种信息的实时发送。

② “叠圈效应”即网络圈复合之后的效应大于网络圈简单的叠加，即 1+1>2。

1. 提高管理效率，提升企业存活率

提供物理空间、基础设施及一系列管理咨询服务是孵化器最基本的服务内容。处于创业初期的小企业，除了要集中精力进行研发和生产之外，还要面对激烈的市场竞争压力，此时，成本的高低无疑成为创业和创新成败的决定性因素之一。孵化器所提供的物理空间和咨询服务可以有效降低企业成本，增强企业“抵抗力”，提高企业存活率，从而为企业创新提供基本的物质保障。特别是对于网络技术、办公环境等有着较高需求的科技企业来讲，孵化器所提供的物理空间等基本服务将对创新活动的顺利开展起到至关重要的作用。

孵化器提供的基本服务通常包括：①物理空间和场地服务，包括生产经营场地、基本办公条件和后勤保障服务；②创业辅导和企业咨询服务，包括提供工商、财税、政策法规咨询服务，以及聘请创业导师，为入驻企业提供各类服务[①]；③公共技术服务平台服务[②]，为在孵企业提供公共实验室、大型仪器设备等技术创新和孵化条件，以节省企业成本。此外，近年来借助互联网、大数据和云技术，高效的综合信息服务系统和云服务平台不断出现，使得在孵企业的管理效率得以大大提升（罗炳阳，2017）。

近年来，创新活动逐渐从内部组织走向开放协同，其中一个重要体现是公共技术服务平台的使用越来越普遍，其能够为初创企业提供强大的技术支持并有效降低创新创业的边际成本，故在创新中的作用越来越重要（宋东升和易微，2013）。在孵化器垂直化专业化发展趋势下，公共技术服务平台可以为企业提供各类专业指导，并有利于产业集群和创新集群的发展（马凤岭，2008）。同时，公共技术服务平台的广泛运用在一定程度上

① 《国家科技企业孵化器“十三五”发展规划》显示，全国孵化器与1.3万家中介机构签订合作协议，共同为创业企业提供优质服务。

② 严格来讲，公共技术服务平台属于孵化器所提供的技术服务支持的范畴。然而，一方面考虑到公共技术服务平台同时也是企业节省成本的重要途径，另一方面由于数据限制而无法对公共技术服务平台的作用进行实证检验，所以本书此处将公共技术服务平台纳入管理效率机制一并进行讨论。

顺应了当前共享经济的时代潮流。

根据以上分析，孵化器为在孵企业提供的上述一系列软硬件服务能够有效提高管理效率，降低企业成本，促进企业创新。其中公共技术服务平台对企业创新的作用尤为关键，而即便是基础性的物理空间和咨询服务在一定程度上未对在孵企业创新能力的提升起直接作用，但可以使其节省企业成本，特别是能够降低管理成本，提高管理效率，解除企业创新的“后顾之忧”，从而间接地促进了创新活动的顺利开展。特别是对于初创企业而言，管理效率的增强将显著提高企业存活率，从而为创新活动的顺利开展提供坚实基础和安全保障。由此，可以提出本章的第一个研究假设。

假设1：孵化器提供的物理空间、管理咨询等基本孵化服务，有助于在孵企业降低成本，特别是降低管理成本，提高管理效率，进而提升企业存活率，为企业创新的顺利开展提供基本保障。

2. 广泛吸纳人才，壮大研发团队

高技术人才是科技企业创新与成长的核心要素，是决定创新成败的关键（张克俊，2010）。然而，由于资源的限制，以及“品牌效应”的缺乏，企业在招聘技术人才方面会面临很多困难。而由孵化器所组成的孵化网络提供了获取外部资源的集成平台，首先可以有效拓宽人才招聘渠道，广泛建立人脉关系；其次可以依托自身的资源和品牌，帮助企业引进专业技术人才；最后可以通过与高校和科研机构的紧密联系，为在孵企业提供人才支持，并且通过共建合作研究中心、实验室等方式，可以实现设备和人才等资源共享。此外，国际孵化器的广泛建立实现了全球创新资源的交流，尤其为海外人才招聘提供了便利。总之，在孵企业可以利用孵化器及孵化网络的服务平台吸引更多高层次人才，从而壮大研发团队，增强创新能力。

除人才招聘之外，构建良好的企业文化和人才培育机制也是企业人才队伍建设的重要内容（张玉明和刘德胜，2010）。企业高技术人才需要一个能与外界交流新思想、新理念的平台，需要营造一个具有浓厚文化气息的氛围，因此需要建立良好的人才培育和激励机制，如此，才能有助于其创新能力的发挥。这一切都有赖于企业文化的建立，企业文化直接关系到能否把各种生产要素特别是人才要素有效地组织起来转化成生产力，是企业之间竞争的核心要素、企业生存和发展的关键（宋东风，2009）。近年来，越来越重视对孵化企业文化的培育，特别是通过加强对优秀人才和复合型人才的培育、引导企业建立良好的人才激励机制等方式打造和谐积极的创业文化，加强人才队伍建设，从而优化人力资本结构，为创新活动的顺利开展提供源源不断的人才支持①。同时，良好的人才激励机制、人才培育环境和创新文化又是企业吸引高技术人才的关键，因此，从这一角度来讲，孵化器在高技术人才队伍建设方面的孵化服务为企业招贤纳士起到了重要作用。综合上述分析，提出本章第二个研究假设。

假设 2：孵化器能够为人才队伍建设提供孵化服务，帮助在孵企业广泛吸纳并培育人才，壮大研发团队，改善人才结构（尤其是可以提高海归和高级人才比重），从而为创新成功提供强有力的智力支持。

3. 拓宽融资渠道，扩大融资规模

创新创业初期需要大量的资金投入，才能跨越初创期的“死亡陷阱”②；创新从研发、中试、产业化一直到市场推广，越到后期对资金的需求量越大，因而在后续研发过程中需要资金的大规模持续性投入，所以，对于创新活动的整个过程来讲，资金是决定每一环节成败的重要因素。调查数据显示③，在创业者期望孵化器提供的服务类型中，资金排名第一位，65.5%的创业者希望孵化器提供资金帮助。由此可见，资金已经成为阻碍创新创业的首要难题和企业入孵的最迫切需求。

孵化器可以通过多种方式帮助在孵企业解决融资难题：首先，孵化器

---

① 国家关于科技企业孵化器的定义中提到，科技企业孵化器是创新创业人才培养的重要基地。

② 资金是企业在创业初期最容易出问题的环节，经常被称为初创期的“死亡陷阱”（吴汉荣，2013）。

③ 资料来源：艾媒咨询《2016 年中国孵化器发展现状专题研究报告》。

对在孵企业进行股权投资①，以及设立创业投资基金、股权投资基金等创新创业基金，可以直接为企业创新活动提供资金支持（李涛，2015）；其次，更重要的是，孵化器作为连接在孵企业与商业银行、风险投资等金融机构的媒介，能够加强在孵企业与孵化网络各类主体之间的资金往来；最后，孵化器还可以为在孵企业提供融资策略指导，使其更好地选择融资渠道，提高融资成功率。总之，企业可以从孵化网络中广泛获取应对困境的资金，打破技术创新中的壁垒。

在我国，虽然商业银行为中小企业的资金融通发挥了重要作用，但是由于科技型中小企业在抵押资源、贷款成本、风险以及信用等方面存在劣势（孙婷婷，2016），所以对于科技型中小企业而言，银行的作用非常有限，直接融资自然成为科技企业的重要且首选的融资方式。同时，提高直接融资比重是近年来我国金融改革的重要方向②，是解决科技企业融资难问题的重要举措（吕劲松，2015）。随着企业孵化的进行，孵化器的种子资金已经不能满足需求，需要其他资金的进入。而风险投资不仅可以为在孵企业解决资金难题，同时也带来了风投机构的一系列资源，所以风险投资成为在孵企业的首选融资方式（徐京平，2014）。孵化器及孵化网络在帮助企业获取风险投资、创业基金等直接融资方面起到重要作用，因而能够显著提高在孵企业的直接融资比重，优化融资结构，推动我国科技金融的健康发展。由此，提出本章第三个研究假设。

假设 3：在孵企业能够通过孵化器及孵化网络拓宽融资渠道，扩大融资规模，并提高风险投资、孵化基金等直接融资的比重，从而为创新活动的顺利开展提供强有力的资金保障。

4. 促进产学研合作，实现协同创新

高校和科研院所聚集了大量的科技资源和人才资源，是重要的技术创

① 当前，我国孵化器的盈利模式已经逐渐从最初的简单收取房租物业费，转变为通过股权投资来分享孵化企业股权收入。

② 在 2017 年全国金融工作会议上，李克强总理在讲话中指出，要增强资本市场服务实体经济功能，积极有序发展股权融资，提高直接融资比重。

新源头，而产学研合作是连接创新源头和创新主体的主要渠道，是企业创新的重要方式。硅谷模式的成功再次告诉我们产学研合作的重要性（胡谦，2010）。高校、科研院所与企业在产学研过程中可以实现双赢，其中，企业可以获取来自高校和科研院所的强大的技术支持，同时可以充分利用高校和科研院所雄厚的人才、设备、设施等研发资源，因而其对于企业创新的意义是不言而喻的。目前，一方面，诸多孵化器依托大学科技园，由高校和科研院所投资建立（李涛，2015），从而为产学研的深入融合提供了便利条件。另一方面，孵化器积极探索与高校和科研院所的合作（陈静，2017）。通常来讲，合作模式主要有技术服务模式、学术援助模式、项目孵化合作模式、合作开发模式、专利技术转让模式、共建实体模式、企业孵化器模式以及大学科技园模式等（马凤岭，2008）。

除此之外，更重要的是，孵化网络成为在孵企业与高校和科研机构开展产学研合作的良好平台（刘红丽，2011）。在此平台之上，孵化器致力于将在孵企业与高校、科研机构等连接在一起，彼此依赖和需要，建立相互信任的关系网络，创造安全的合作氛围，促进协同效应的产生和共同成长（Castro et al.，2015）。由此可见，孵化网络使得产学研合作更加广泛和便利。总之，孵化器平台为企业、高校和科研机构提供了知识创造的机会，建立了知识共享的桥梁，加速了产学研合作，实现了创新源和创新主体的协同创新，从而推动了企业创新活动的高效开展。由此提出本章的第四个研究假设。

假设 4：孵化器可以推动企业与高校和研究机构之间的深入合作，从而促进企业创新。

5. 获取行业资源，实现资源互通

行业资源是企业创新的关键性因素。孵化器为在孵企业有效获取行业资源发挥了重要作用。在孵企业行业资源的获取主要体现在以下四个方面：其一，孵化器通过孵化同一行业的不同企业或项目，对该行业市场状况、技术特点和发展趋势进行充分了解，从而可以帮助在孵企业进行科学决策。其二，在孵化器所提供的物理空间内部，多家在孵企业可以实现同时办公，这就打破了企业独立办公、与世隔绝的传统办公方式，集中化、开放式的办公环境天然地为企业之间的交流与合作提供了很多机会，使其能够更便利地获取行业资源。其三，孵化网络为在孵企业建立了获取外界资源的集成平台，在孵企业能够通过孵化网络与同行及产业链上下游企业建立长期稳定的合作关系，以实现资源共享、信息互通与合作共赢。其四，孵化器可以促进产业集聚并为企业提供一种良好的生长环境，这进一步加强了企业间的信息和资源交流，并且众多资源集聚而形成的纵横交错的连接机会将孕育出更大的商业价值的连接机会，从而使得孵化网络不断扩大，企业联系更加紧密，资源获取更加便利。由此提出本章的第五个假设。

假设 5：孵化器及孵化网络有助于在孵企业更加有效地获取行业资源，加强资源互通。

6. 有效对接市场，促进成果转化

推动创新活动的产业化、实现科技成果转化是企业创新的终极目标。企业与高校和科研机构的合作能够使得技术创新和市场需求的联系更加紧密，因此产学研合作是企业实现科技成果转化的重要途径。此外，孵化器在帮助在孵企业开拓市场、对接消费者需求方面起到重要作用。首先，借助孵化网络的媒介作用，在孵企业可以从政策信息中获取产业发展新动向、从市场信息中发掘客户新需求、从技术信息中发现研发新突破，从而进行科学分析和决策（Mcadam，2008）；其次，孵化网络的品牌资源和声誉优势可以有效提升在孵企业的信誉形象；最后，孵化网络所提供的资源获取平台为在孵企业提供了更多产品创新的机会，从而可以提高研发成功率。由此提出本章的第六个假设。

假设 6：孵化器所提供的孵化服务能够使在孵企业更加有效地对接市场，及时获取市场信息，从而促进科技成果转化。

以上六个方面是科技企业孵化器促进企业创新的主要渠道。除此之外，还有一些因素也对孵化器的创新效应产生了重要影响。例如，国家针对科技企业孵化器的税收优惠政策有力地助推了企业创新。近年来，国家多次出台关于科技企业孵化器的相关税收优惠政策，并且其力度和覆盖范围不断加大。这些税收优惠政策不仅直接促进了孵化器的发展壮大，而且更重要的是在引导和强化孵化服务方面发挥了有效的政策激励作用，从而间接地作用于在孵企业，降低在孵企业的创新创业成本，促进了企业创新（程郁和崔静静，2016）①。

综上可知，孵化网络通过整合各类资源主体的连接渠道，为在孵企业提供各类必要资源，从而有效发挥了在孵企业的管理效率、人才结构、融资水平、产学研合作、科技成果转化等创新机制的作用，进而提升了在孵企业的创业成功率和创新绩效。同时，通过孵化网络的平台效应，在孵企业可以与各类主体之间建立长期稳定的合作关系，源源不断地获取所需的匹配性资源，从而可以增强其自我造血功能和内生创新能力，形成促进企业创新的长效机制。孵化网络视角下孵化器与企业创新关系机理如图 6-2 所示。

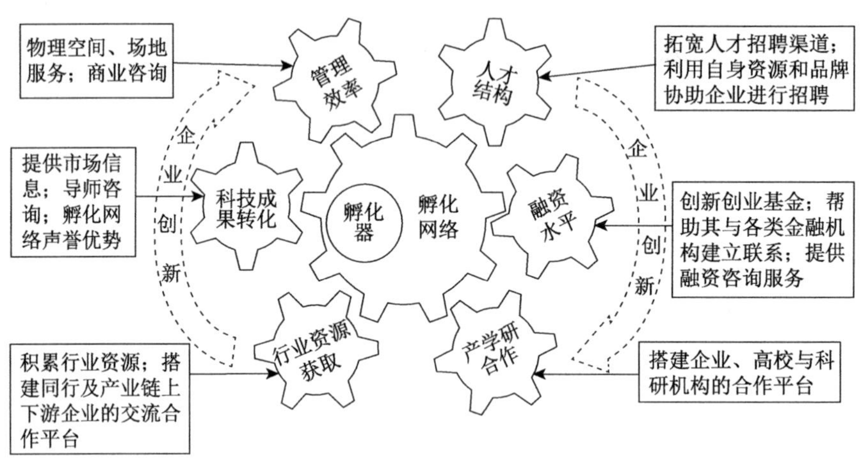

图 6-2　孵化网络视角下孵化器与企业创新关系机理

① 近年来，科技企业孵化器相关税收优惠政策在有力地促进创新创业的同时也产生了一定的不利影响，例如，税收优惠政策是近年来我国孵化器产业出现过度投资现象的原因之一，因此这一点应引起注意。

以上通过理论分析提出了关于孵化器与企业创新关系的待检验的研究假设。那么，实际情况是否如此？我国孵化器在运行过程中存在什么问题？理论上的各主要机制是否真的发挥作用？下面本书将以中关村海淀科技园为例，通过实证分析来回答这些问题，以期为更好地促进孵化器产业的健康发展及双创事业的加速开展提供翔实的经验证据和科学指引。

6.3　中介效应模型设计

关于孵化器对企业创新的影响机制，诸多学者从理论层面开展了一系列讨论，但至今为止，尚未发现关于影响机制的比较完整的实证研究和比较翔实的经验证据。为此，本书采用中介效应模型对上文所提出的孵化器与企业创新关系的理论框架进行实证分析。具体地，我们细化每一个微观机制，并对其一一进行检验，以期真正打开这一“黑箱”。

中介模型能够检验各个机制的实际作用效果，它是关于孵化器对企业创新影响机制实证检验的有力工具。一方面，孵化器可以直接影响企业创新；另一方面，孵化器可以通过影响管理效率、融资水平等各个渠道进而对企业创新产生影响。于是，以企业创新为被解释变量，以企业是否进入孵化器为主要解释变量，以各个机制（包括管理效率、人才结构、融资水平、产学研合作、行业资源获取、科技成果转化）为中介变量，三者之间的关系构成了中介效应模型。参照 Baron 和 Kenny（1986）的方法，建立中介效应模型如下：

$$\ln patent_{it} = \beta_0 + \beta_1 hat\_\ after_{it} + \beta_2 X_{it} + \lambda_{0i} + \theta_{0t} + \varepsilon_{0it} \tag{6-1}$$

$$M_{it} = a_0 + a_1 hat\_\ after_{it} + a_2 X_{it} + \lambda_{1i} + \theta_{1t} + \varepsilon_{1it} \tag{6-2}$$

$$\ln patent_{it} = c_0 + c_1 hat\_\ after_{it} + c_2 M_{it} + c_3 X_{it} + \lambda_{2i} + \theta_{2t} + \varepsilon_{2it} \tag{6-3}$$

上述方程组中，式（6-1）表示孵化器对企业创新的总效应，系数 β_1 表示总效应的大小；式（6-2）反映孵化器对机制变量的影响效应，其中，a_1 为影响系数，M_{it} 为机制变量，分别表示上文所提出的孵化器对企业创新产生影响的 6 个主要机制，即管理效率、人才结构、融资水平、产学研合作、行业资源获取、科技成果转化；式（6-3）中的系数 c_2 表示机制变量对企业创新的直接效应。将式（6-2）代入式（6-3）中可以进一步得到机制变量对企业创新的中介效应 a_1c_2，即孵化器通过机制变量的中间传导对企业创新的影响程度，这也是我们需要的关键系数。由此可见，上述三个方程所组成的中介效应模型可以将孵化器对企业创新的影响机制清晰地刻画出来。关于中介效应模型具体的估计和检验方法详见 Baron 和 Kenny（1986）的论述，此处不再赘述。本章所采用的数据仍然为中关村海淀科技园企业数据（2007—2015 年）。此外，考虑到可能存在的内生性和样本选择偏差问题，我们同时采用传统 DID 和 PSM-DID 两种方法来相互验证，以期得到更为稳健的估计结果。

下面我们将运用中介效应模型分别检验和分析各个机制的作用。

6.4 实证分析

6.4.1 管理效率

为验证研究假设 1 的真伪，我们分别检验管理效率、成本率以及企业存活率三者对于孵化器影响企业创新的中介效应。采用如式（6-1）~式（6-3）所示的中介效应模型，此时机制变量 M_{it} 分别为管理效率、成本率和企业存活率。关于变量定义，参照相关研究，管理效率用 1-企业管理费用/营业收入表示；成本率用营业成本/营业收入表示；对于小企业而言，企业的盈亏直接决定了其存活情况，所以我们采用企业盈亏作为企业存活率的代理变量，设置企业盈亏虚拟变量，当年总利润大于 0 取 1，否则取 0。

实证结果如表 6-1 所示。首先看全样本（即匹配之前）的实证结果。根据式（6-1）的估计结果，孵化器对企业的管理效率、成本率以及企业存活率等机制变量的估计系数分别显著为正、负和正，表明孵化器能够有效提高在孵企业的管理效率和存活率，而降低成本率。式（6-3）中的 6

个机制变量的估计系数也充分证明了其作为中介变量确实促进了企业创新。管理效率、成本率以及企业存活率等机制变量对企业创新的中介效应分别为 0. 009、0. 001 和 0. 005，也就是说，企业参与孵化可以分别通过改善管理效率、成本率以及企业存活率，进而使得企业创新水平提高 0. 9 个、0. 1 个和 0. 5 个百分点。这说明孵化器通过为在孵企业提供物理空间、管理咨询等一系列基本孵化服务可以有效提高在孵企业的管理效率，降低企业成本，提高企业存活率，最终促进企业创新。进一步简单比较三个机制变量的中介效应可知，管理效率的中介效应相对最大，这说明孵化器主要通过降低在孵企业管理成本、提高管理效率，进而实现成本的节省和存活率的提高。这与实际情况是相符的。

表 6-1 中介效应模型估计结果（管理效率）

	管理效率	成本率	企业存活率
全样本（N=83718）			
a_1	0. 345***	-9. 316	0. 553***
	(4. 60)	(-0. 38)	(7. 09)
c_1	0. 028***	0. 534***	0. 529***
	(10. 55)	(7. 20)	(12. 53)
c_2	0. 352***	-0. 001	0. 009
	(6. 31)	(-0. 97)	(0. 70)
中介效应	0. 009***	0. 001	0. 005
Sobel 检验	(4. 21)	(0. 35)	(0. 69)
匹配样本（N=17655）			
a_1	0. 370***	-11. 864	0. 553***
	(3. 63)	(-0. 32)	(7. 09)
c_1	0. 105***	0. 552***	0. 529***
	(24. 64)	(7. 09)	(12. 53)
c_2	0. 346***	-0. 001	0. 009
	(6. 01)	(-0. 44)	(0. 70)
中介效应	0. 039***	0. 001	0. 005
Sobel 检验	(3. 59)	(0. 26)	(0. 69)

成本的节省和企业的存活是企业开展创新活动的基本保障，特别是对于创新投入阶段起到至关重要的作用。本书第 3 章的实证结果显示孵化器对创新投入有显著的促进作用，并且在整个创新过程中，孵化器对创新投入的作用最大。本书认为，其中的一个重要原因就是孵化器所提供的物理空间、管理咨询、公共技术服务平台等一系列孵化服务使得在孵企业能够直接、快速地享受到规模经济的优势，从而可以提高管理效率，降低企业成本，提高企业存活率，能够为创新活动的顺利开展，特别是创新投入的持续性增加提供物质基础①。

此外，Sobel 检验结果表明中介效应显著，即 3 个机制变量确实发挥了中介作用。进一步地，本书采用由 PSM 方法得到的匹配样本集进行中介效应检验，结果显示，中介模型各主要系数的方向和显著性均与全样本结果相同，且系数大小也比较相近，说明本书关于影响机制的检验比较稳健。由此，研究假设 1 得证。

6.4.2 人才结构

继续考察人才结构对于孵化器影响企业创新的机制作用。根据研究假设 1 的论述，在此分别检验研发团队、海归数量以及学历结构三者对于孵化器影响企业创新的中介效应。同上文，采用如式（6-1）~式（6-3）所示的中介效应模型，此时机制变量 M_{it} 分别为研发团队、海归数量以及学历结构。关于变量定义，参照相关研究，研发团队用企业研发人员总数的对数值表示，海归数量用企业当年引进的留学归国人员总数的对数值表示，学历结构用硕士、博士占比表示。参照陈思（2017）的做法，当被解释变量为研发团队或海归数量时，控制企业当年专利申请量。

实证结果如表 6-2 所示。首先看全样本（即匹配之前）的实证结果。根据式（6-1）的估计结果，孵化器对研发团队、海归数量以及学历结构

---

① 不仅是中关村海淀科技园，在全国层面也是如此：科技部火炬中心统计数据显示，我国国家级孵化器的企业存活率超过 80%。

等机制变量的估计系数均显著为正，表明孵化器能够有效提高在孵企业的研发团队规模、海归数量以及学历结构。式（6-3）中的 6 个机制变量的估计系数也充分证明了其作为中介变量确实促进了企业创新。研发团队、海归数量以及学历结构等机制变量对企业创新的中介效应分别为 0. 228、0. 302 和 0. 019，也就是说，企业参与孵化可以分别通过改善研发团队规模、海归数量以及学历结构，使得企业创新水平提高 22. 8 个、30. 2 个和 1. 9 个百分点。这说明孵化器能够帮助在孵企业扩大研发团队规模，提高海归数量和学历结构，从而为企业创新活动提供强有力的智力支持。

表 6-2　中介效应模型估计结果（人才结构）

	研发团队	海归数量	学历结构
全样本（N=83718）			
a_1	0. 228***	0. 302***	0. 019***
	(2. 55)	(5. 5)	(4. 56)
c_1	0. 126***	0. 091***	0. 270***
	(62. 15)	(27. 32)	(5. 30)
c_2	0. 258***	0. 231***	1. 173***
	(4. 91)	(4. 38)	(4. 38)
中介效应	0. 029**	0. 027***	0. 022***
Sobel 检验	(2. 54)	(5. 39)	(5. 84)
匹配样本（N=17655）			
a_1	0. 207**	0. 386***	0. 019***
	(2. 15)	(6. 46)	(4. 56)
c_1	0. 128***	0. 088***	0. 270***
	(28. 47)	(12. 18)	(5. 30)
c_2	0. 362***	0. 330***	1. 173***
	(6. 32)	(5. 74)	(4. 38)
中介效应	0. 026**	0. 034***	0. 022**
Sobel 检验	(2. 14)	(5. 70)	(5. 84)

进一步比较3个机制变量的中介效应可知，海归数量的中介效应相对较大，这说明在提升在孵企业人力资本质量方面，孵化器尤其能够提高海归人才的数量，即说明孵化器在帮助企业引进海归人才方面起到了重要作用。究其原因，一方面，孵化器为在孵企业与海外机构和海外人才的国际交流与合作建立了天然的纽带（徐京，2013）；另一方面，孵化器先进的和国际化的企业管理和企业文化能够吸引更多的海外人才。

正如本章理论分析中所提到的，科技企业人才队伍建设（即人力资本质量的提高）包括人才招聘和人才培育两部分，其中，人才培育（包括人才激励）主要依赖于企业文化的构建。囿于数据限制，我们未能实证检验孵化器在企业文化构建中的作用，但是，从中介效应模型的估计结果中可以发现，在孵化器的参与下，企业研发团队数量及人才结构的提高明显促进了企业创新，这说明孵化器在帮助企业招聘高技术人才的同时，亦能够在企业文化构建和人才队伍建设方面给予有效帮助，进而推动人才要素有效地转化为生产力。所以，综合以上两个方面，我们可以发现孵化器在企业人才队伍建设中发挥着重要作用。

结合第1章的分析，从创新过程角度上看，人才是企业创新成功的决定性因素，同时是企业生产率提升的关键，因此，孵化器在人才结构方面的孵化服务能够有效提升创新成功率，促进企业创新的高效开展。

此外，Sobel检验结果表明中介效应显著，即3个机制变量确实发挥了中介作用。同时，基于PSM匹配样本集的中介效应检验结果显示，各主要系数的方向和显著性均与全样本结果相同，且系数大小也比较相近，说明本书关于影响机制的检验是稳健的。由此，研究假设2得证。

6.4.3 融资水平

我们继续检验融资水平的机制作用。根据研究假设3，我们分别检验融资规模、融资结构、风险投资以及创新基金对孵化器影响企业创新的中介效应。采用中介效应模型，此时机制变量 M_{it} 分别为融资规模、融资结构、风险投资以及创业基金。各变量定义如下：融资规模用企业当年获得的银行贷款、风险投资、股权融资、债券融资、创新基金等资金总额的对数值表示；融资结构，即直接融资占比，用风险投资、股权融资、债券融资、创新基金占融资总规模的比重表示；风险投资和创新基金分别用两者的对数值表示。

实证结果如表 6-3 所示。无论是基于全样本的中介效应检验还是基于匹配样本的中介效应检验，融资规模的中介效应均显著为正，说明孵化网络可以促使在孵企业与各类金融机构之间建立信任关系，进而起到拓宽融资渠道、扩大融资规模的作用。融资结构方面，直接融资比重变量的中介效应显著为正，说明相对于间接融资（即银行融资），孵化器对于在孵企业进行直接融资有着更有效的帮助作用。直接融资对于科技型中小企业具有重要意义，是解决其融资难问题的首选方案，因此孵化器顺应了科技型中小企业的融资规律。进一步考察两项最重要的直接融资方式——风险投资和创业基金，实证结果显示，两者均具有明显的中介效应，一方面，孵化器是在孵企业与风险投资机构之间的天然媒介，能够促使两者进行有效沟通；另一方面，在政府的鼓励和支持下，近年来我国孵化器不断设立创新孵化基金，并发挥了良好的作用。

表 6-3　中介效应模型估计结果（融资水平）

	融资规模	融资结构	风险投资	创新基金
全样本（N=83718）				
a_1	0.160***	0.006***	889.875***	0.081***
	(3.23)	(3.87)	(3.27)	(4.43)
c_1	0.114***	0.379***	0.526***	0.501***
	(59.41)	(5.55)	(7.09)	(6.79)
c_2	0.308***	1.196***	0.001***	0.402***
	(5.77)	(5.53)	(10.08)	(29.11)
中介效应	0.035***	0.007***	0.008***	0.032***
Sobel 检验	(3.22)	(4.85)	(3.11)	(4.38)

续表

	融资规模	融资结构	风险投资	创新基金
匹配样本（N=17655）				
a_1	0.206***	0.032***	854.88**	0.076***
	(2.89)	(3.89)	(2.32)	(3.64)
c_1	0.060***	0.349***	0.543***	0.527***
	(9.96)	(4.55)	(6.97)	(6.79)
c_2	0.351***	1.126***	0.001***	0.334***
	(6.12)	(5.87)	(7.37)	(12.01)
中介效应	0.012***	0.009***	0.010**	0.025***
Sobel 检验	(2.77)	(4.95)	(2.21)	(3.48)

此外，Sobel 检验结果表明中介效应显著，即 4 个机制变量确实发挥了中介作用。同时，基于全样本与基于匹配样本的中介效应模型的估计结果基本一致，说明本书关于影响机制的检验是稳健的。由此，研究假设 3 得证。

综上所述，无论是从融资规模、融资结构还是从风险投资、创新基金等重要的融资方式来看，孵化器所提供的相关孵化服务都可以拓宽融资渠道，有效提升在孵企业的融资水平，优化融资结构，从而为创新活动的顺利开展不断提供强有力的资金支持。企业在创新创业初期需要购置大量的设备，因此，资金在创新初期尤为重要。孵化器的融资支持保障了企业的创新投入，所以，本书认为这是上文实证得出的“在整个创新过程中，孵化器对创新投入的作用最大”这一结论的重要原因之一。

同时，由于直接融资可以高效吸收社会闲置资金，提高投融资效率，降低筹资成本，所以提高直接融资比重有利于搞活资本市场，推动经济转型，是国家深化金融改革的重要举措（姜楼炜，2013）。因此，从宏观层面来讲，孵化器对于深化金融改革，促进我国国民经济的健康发展有着十分重要的意义。

6.4.4 产学研合作

我们继续检验产学研合作在孵化器对企业创新影响效应中的作用。考虑到项目合作是企业与高校和研究机构之间的主要合作方式，本书产学研合作变量用企业当年委托高校、研究机构和其他企业开展研发活动的经费支出总和的对数值表示。同时，我们还将单独考察高校和研究机构与企业的合作情况。因此，本部分的机制变量分别设置为产学研合作、与高校合作、与研究机构合作共 3 个变量。采用中介效应模型的检验结果如表 6-4 所示。无论是基于全样本的中介效应检验还是基于匹配样本的中介效应检验，产学研合作的中介效应均显著为正，说明孵化器能够通过加强产学研合作促进企业创新，即产学研合作是孵化器促进企业创新的重要渠道。

表 6-4　中介效应模型估计结果（产学研合作）

	产学研合作	与高校合作	与研究机构合作
全样本（N=83718）			
a_1	0.176***	0.114***	0.194***
	(2.71)	(4.75)	(2.81)
c_1	0.073***	0.037***	0.078***
	(25.98)	(28.90)	(20.91)
c_2	0.246***	0.290	0.232***
	(4.66)	(0.66)	(4.16)
中介效应	0.013***	0.019	0.016***
Sobel 检验	(2.69)	(1.39)	(2.09)
匹配样本（N=17655）			
a_1	0.206***	0.146***	0.221***
	(2.89)	(2.69)	(2.63)
c_1	0.060***	0.046***	0.073***
	(9.96)	(6.16)	(9.61)
c_2	0.351***	0.398	0.322***
	(6.12)	(4.12)	(5.64)

续表

	产学研合作	与高校合作	与研究机构合作
匹配样本（N=17655）			
中介效应	0.012***	0.010	0.020***
Sobel 检验	（2.77）	（1.47）	（1.97）

进一步分析和比较高校与研究机构两种合作方式的中介效应。实证结果显示，研究机构的中介效应显著为正；而高校的中介效应为正，但不显著。高校的中介效应由孵化器对高校的影响效应和高校对企业创新的影响效应两部分相乘得到，实证结果显示，a_1显著为正，但是c_2不显著，这说明孵化器能够有效推动企业与高校开展合作，但是其在促进企业创新中的作用尚不十分明显。也就是说，与高校合作这一机制的薄弱环节主要体现在两者合作对企业创新的作用欠佳上。首先，这源于我国科技创新领域普遍存在的重投入而轻绩效现象。尤其是高校，科技成果闲置和科技资源浪费十分严重。在科学研究中的重要地位，加之国家的大力支持，使得高校获得了来自政府、企业等部门的大量科研资金，但由于我国学术科研评价中“重数量轻质量”“重投入轻绩效”“重短期结果轻长期发展”现象的长期存在（赵干，2012），使得高校与科研机构等其他创新源头相比，更倾向于理论研究而与实际应用脱节较为严重，科研成果的实际应用价值普遍较低，从而导致企业与高校合作的实际效果在企业创新绩效中未能充分体现。其次，孵化器是产学研合作的重要平台，然而，孵化器更多的是关注产学研合作的数量，而没有充分注重其质量，主要表现在孵化器没有改变产学研合作中原有的考核机制，并且合作多流于形式，从而使得产学研合作在促进企业创新中的作用没有得到实质性提升。

当然，本书用企业委托高校开展研发活动的经费支出来衡量企业与高校的合作，而现实中除委托项目之外，企业与高校还有其他的合作方式，如公共技术服务平台、共建实验室、人才培养等，可能会对企业创新发挥重要作用，但因数据限制，本书未能对其一一进行检验。

此外，Sobel 检验结果表明中介效应显著。同时，基于全样本与基于匹配样本的中介效应模型的估计结果基本一致，说明本书关于影响机制的检验是稳健的。由此，研究假设 4 得证。

综上所述，孵化器在企业与高校和研究机构的合作中起到了重要作用，并且成为促进企业创新的重要力量。然而，孵化器在产学研协同发展过程中也存在一些薄弱环节。其中的一个重要问题是高校在科技成果转化中表现不佳的现象一直存在，并且孵化器在改善这一不足方面还有待进一步提升。因此，在加强企业与高校之间合作交流的同时，孵化器应该进一步注重合作交流的效率和质量①。具体来讲，一方面应围绕产业技术创新需求建立高校和企业间的持续性合作交流机制（汪英华，2016），使技术的需求端和供给端能够有效对接；另一方面应加强质量考核机制和监督管理机制，引导高校建立鼓励成果转化和产学研合作的内部评价考核体系（曹青林，2014），严格把好质量关，力争使得企业与高校的合作产出能够及时转化为实际价值，进而提升产学研合作效率。这两个方面可以帮助企业跨越“死亡之谷”（valley of death）。同时还应帮助企业成功渡过“达尔文之海”（darwinian sea），即加强风险投资在科技成果转化中的作用（Nordfors et al.，2003）。此外，创新产学研合作的组织模式和运行机制，要进一步加强公共技术服务平台、人才培养等合作方式，以更好地发挥产学研合作在创新中的作用；进一步引导高校和科研机构围绕优势专业领域建立专业孵化器，从而更好地促进产学研的有效合作，加快科技成果转化。

从创新过程角度来讲，产学研合作是促进企业科技成果转化的重要途径，是创新能否最终成功的重要一环。总体来看，孵化器在促进产学研合作方面具有较好的效果，但是其在促进企业与高校有效合作方面仍然存在不足，这就直接影响到科技成果的有效转化。本书认为这是上文实证得出的“孵化器在创新产出，特别是科技成果转化和产业化方面比较薄弱”这

---

① 在孵化网络研究中，孵化器与高校之间的网络联系是学者们深入研究的课题（Mian，1996；Siegel et al.，2003）。

一结论的重要原因之一。

同时，促进科技成果有效转化，改变我国研发投入大量增加而有效产出增长缓慢的问题，是我国当前落实创新驱动发展战略亟待解决的重要难题（齐欣原，2012）。因此，从宏观层面来讲，孵化器对于推动产学研高效合作、改变科技成果转化低效的现状、加快推进创新驱动发展战略具有十分重要的意义。

6.4.5 行业资源获取

关于行业资源，考虑到在孵企业行业资源的获取主要以通过孵化网络的媒介作用加入产业联盟的方式进行，所以本书行业资源用企业是否加入产业联盟表示（1 为加入产业联盟，0 为未加入）。采用中介效应模型的实证结果如表 6-5 所示。无论是基于全样本的中介效应检验还是基于匹配样本的中介效应检验，行业资源变量的中介效应均显著为正，说明孵化器及所构成的孵化网络能够使得在孵企业与同行及产业链上下游企业建立长期稳定的合作关系，以实现资源共享、信息互通与合作共赢，从而有效促进企业创新的实现。此外，Sobel 检验结果表明中介效应显著，即行业资源确实发挥了中介作用。由此，研究假设 5 得证。

表 6-5 中介效应模型估计结果（行业资源获取/科技成果转化）

	行业资源获取	销售成本率	技术收入	新产品销售收入
全样本（N=83718）				
a_1	0.009***	-8.98	0.176***	0.342***
	(2.74)	(-0.60)	(2.71)	(2.57)
c_1	2.572***	1.155***	0.073***	0.019***
	(48.88)	(3.64)	(25.98)	(13.67)
c_2	0.234***	-0.001***	0.246***	0.280***
	(4.49)	(-7.36)	(4.66)	(5.21)
中介效应	0.024***	0.005***	0.013***	0.007***
Sobel 检验	(2.73)	(1.55)	(2.69)	(2.52)

续表

	行业资源获取	销售成本率	技术收入	新产品销售收入
匹配样本（N=17655）				
a_1	0.015***	-6.92***	0.206***	0.018
	(4.14)	(-0.90)	(2.89)	(0.13)
c_1	2.411***	0.379***	0.060***	0.017***
	(20.63)	(5.95)	(9.96)	(5.37)
c_2	0.327***	1.196***	0.351***	0.388***
	(5.75)	(-5.59)	(6.12)	(6.63)
中介效应	0.037***	0.007	0.012***	0.0003
Sobel 检验	(4.06)	(1.15)	(2.77)	(0.13)

6.4.6　科技成果转化

最后检验科技成果转化的中介作用。从科技成果转化的实现方式来看，主要有技术交易和新产品销售两种方式，我们分别检验技术交易和新产品销售的中介效应，以深入分析科技成果转化实现方式的内部结构。其中，技术交易变量和新产品销售变量分别定义为技术交易与研发经费支出的比值及新产品销售收入与研发经费支出的比值。对接市场和产学研合作是科技成果转化的两个主要实现途径。我们已在上文实证检验了产学研合作的中介效应，下面我们主要检验孵化器在促进科技成果市场化中的作用。有效对接市场意味着可以降低销售成本，提高销售效率，因此，我们采用销售成本率作为衡量科技成果市场化的（反向）代理变量，并将其定义为销售成本占总收入的比重。综上所述，本部分中介效应模型的机制变量分别设置为技术收入成本比、新产品销售收入成本比及销售成本率共 3 个变量。

从科技成果转化的实现方式来进行分析，观察技术收入和新产品销售收入的中介效应可知，技术收入的中介效应显著为正；新产品销售收入的中介效应为正，但不显著，研究假设 6 得证。这说明总体来看，孵化器有利于在孵企业科技成果转化水平的提升，但同时对不同的科技成果转化实现方式有所差异：孵化器对技术转让、技术咨询等科技成果转化实现途径的孵化效果比较显著，而对新产品销售这一科技成果转化实现途径的孵化效果则相对欠佳。相较于技术收入，新产品销售收入的实现更加要求企业及时掌握市场信息和消费者需求，并不断开拓市场提升竞争力，因而其对市场的要求更高。这初步说明孵化器在提升科技成果市场化方面效果欠佳。我们继续分析销售成本率的中介效应。如表 6-5 所示，销售成本率的中介效应为正，但不显著，说明孵化器在降低在孵企业销售成本率方面的作用不是十分明显，这再次验证了孵化器在帮助在孵企业开拓市场、对接消费者需求方面有待进一步提高。此外，Sobel 检验结果表明中介效应显著。同时，基于全样本与基于匹配样本的中介效应模型的估计结果基本一致，说明本书关于影响机制的检验是稳健的。

综上所述，产学研合作（尤其是与高校合作）和科技成果市场化的中介效应显著性不高是导致孵化器在促进科技成果转化方面欠佳的主要原因。进一步分析：蓬勃发展的孵化器产业为什么在产学研合作及促进科技成果市场化和产业化方面不尽人意？本书认为可能的原因主要有以下几点：

第一，部分地区孵化器盲目过度投资及由此导致的资源配置效率低下，是导致孵化器在科技成果转化方面孵化效果不佳的重要原因。近年来我国孵化器产业过度投资现象比较严重，资金过多地投入物理空间等基础服务方面，而在企业更加需要的产学研、市场对接等方面的投入较少，从而使得孵化器在科技成果转化方面的孵化效果不太理想。

第二，从创新成果的供需方面考虑，孵化器所提供的各类资金投入和技术服务更多地倾向于创新的“供给侧”，而忽视了“需求侧”，即更多关注的是如何增加投入，而缺少对创新成果产业化方面的资源投入和孵化服务，最终不利于科技成果转化效率的提高。

以上两点说明我国孵化器资源错配现象比较严重，是导致孵化错位和孵化效率不高的重要原因。

第三，孵化器在协助在孵企业开展创新活动的过程中，缺乏必要的内部考核机制和监督机制，重形式轻实质，最终导致科技成果转化率较低。这其中最为典型的就是孵化器在促进在孵企业与高校的合作过程中，重数量轻质量，没有改变传统的科研考核机制，从而使得真正有价值的产出较少。

第四，孵化器税收优惠政策实施效果的不均衡也是导致科技成果转化率不高的原因。程郁和崔静静（2016）研究发现税收优惠政策有效激励了孵化器提供物理空间、技术人员等基础服务，而对投融资服务和社会网络服务的激励效应却不显著。

6.5　微观机制的比较与总结分析

总结上述实证分析结果可以看出，科技企业孵化器在管理效率、研发团队、融资规模、行业资源获取等方面的孵化效果比较好，不仅可以在各机制变量的总量方面有很好的促进效果，而且在其内部结构方面也有很好的表现。相比较之下，孵化器在产学研合作和科技成果转化两个方面的孵化效果则相对较弱，主要表现在：产学研合作方面，与高校合作这一机制的作用效果不太显著；在科技成果转化方面，新产品产值变量的机制作用不太显著。我们通过进一步比较各个机制影响系数的大小再次验证了这一结论。综合上述实证结果可以看出，管理效率、研发团队、学历结构、融资规模、融资结构、产学研合作、行业资源获取、科技成果转化水平等机制变量对企业创新的中介效应分别为0.009、0.029、0.022、0.035、0.007、0.013、0.024和0.007。比较可知，研发团队和融资规模的中介效应最大，而管理效率、融资结构以及科技成果转化水平的中介效应略小。这再次印证了孵化器对各影响机制孵化效果的差异。其中，人才和资金是孵化器推动企业创新的最重要机制，这与相关市场调查结果基本相符；管理效率在多数情况下是以间接的方式促进企业创新，因而其中介效应较弱符合常理；科技成果转化的中介效应较低说明中关村海淀科技园的孵化器在促进科技成果转化方面的效果欠佳。

从创新过程来看，管理效率、人才结构、融资水平等较多的是作用于创新投入和创新产出阶段，即创新过程的前端和中端，而产学研合作和科技成果转化较多的是作用于价值增值阶段，即创新过程的后端。所以，本章关于孵化器对企业创新影响机制的实证检验结果，印证了第 3 章得出的关于孵化器对企业创新的促进作用随着创新过程的推进而逐渐减弱的结论，同时更重要的是通过实证分析揭示了其内在原因。现在我们可以回答本章引言中所提出的问题：孵化器在创新过程各阶段作用效果存在差异的原因是什么？我们给出的答案是：中关村海淀科技园的孵化器在产学研合作（尤其是与高校合作）以及科技成果转化（尤其是新产品产值）方面的孵化效果相对较弱，从而导致其对在孵企业的创新成果产业化和生产率的促进效果不太明显。

6.6 小　结

深入探究孵化器对企业创新的影响机制对于我们发现不足、找准方向，从而更好地发挥孵化器在创新创业中的重要作用具有十分重要的意义。首先，本书以孵化网络为背景，从管理效率、人才结构、融资水平、产学研合作、行业资源获取以及科技成果转化六大方面设计了关于孵化器对企业创新影响效应的理论框架。其次采用中介效应模型，对各影响机制及其内部结构一一进行检验，并比较和分析各机制的作用大小，挖掘各机制的薄弱环节，从而获取孵化器对企业创新影响机制的系统且详细的经验证据。

研究发现，总体来看，六种机制的作用效果都比较显著，从而验证了本章所提出的研究假设，说明孵化器的确是通过这六大机制对企业创新产生作用。同时，通过对各机制内部结构的进一步实证检验，我们获得了每一机制更加详细有价值的结论。更重要的是，结合各机制作用效果的比较分析可以发现，各机制的作用效果存在明显差异，某些机制内部存在明显的薄弱环节，而检验得知，这些薄弱环节相对于其他环节来讲恰恰是提升创新水平最关键的因素，是在孵企业最需要的资源。因此，这些薄弱环节成为阻碍孵化器对企业创新过程各环节全面且充分发挥作用的重要因素。由此，本章的实证结论充分解释了第 3 章关于孵化器对创新过程各阶段的促进效果存在差异的研究结论。具体表现在以下两个方面：

一方面，孵化器能够有效提升在孵企业的管理效率、融资水平、人才结构、行业资源获取等方面，从而对企业创新，尤其是其中的创新投入和创新产出有显著的提升作用。具体来讲，孵化器所提供的物理空间、管理咨询、公共技术服务平台等基本的服务能够提高管理效率，降低企业成本，提高企业存活率，为创新活动的顺利开展提供了坚实的物质基础和动力支持；孵化器能够帮助在孵企业扩大研发团队规模，提高海归数量和学历结构，从而为企业创新活动提供强有力的智力支持；孵化器所提供的相关孵化服务可以拓宽融资渠道，有效提升在孵企业的融资水平，优化融资结构，从而为创新活动的顺利开展不断提供强有力的资金支持；孵化器及孵化网络有助于在孵企业更加有效地获取行业资源，加强资源互通。

另一方面，孵化器在提升在孵企业产学研合作和科技成果转化方面的效果相对较弱，从而导致孵化器对创新成果产业化和企业生产率的提升效果相对不太明显。具体来讲，产学研合作方面，重数量轻质量的现象比较严重，孵化器在促进产学研合作的同时并没有有效提高其有效产出，特别是在与高校的合作方面尤其严重；在科技成果转化方面，孵化器对科技成果市场化以及新产品创收方面的提升效果不显著。

本章的研究结论充分说明我国孵化器在产学研合作以及科技成果转化等方面的薄弱，是当前孵化器产业发展亟须解决的问题。同时，我国与发达国家巨大的差距给孵化器产业发展带来了很好的机遇。因而应将加强孵化器在产学研合作以及科技成果转化方面的孵化成效作为未来重要的着力点。

第7章 孵化器促进企业创新的空间机制

7.1 引 言

随着我国创新创业事业的不断推进，地区之间各类创新主体的交流越来越密切，人才、资金、技术、知识等各种创新要素的跨区域流动越来越频繁，区域间技术溢出越来越明显。同时，随着我国科技企业孵化器产业的蓬勃发展，孵化体系日渐成熟，孵化网络日益壮大，孵化器在盘活各地区创新要素、促进创新要素跨地区流动，进而推动区域协同创新中的作用日益增强。与此同时，近年来国家不断出台措施①，倡导科学布局科技企业孵化器，发挥其在区域协同创新及创新驱动发展战略中的重要作用。

由此可见，孵化器对企业创新的作用发挥已不再局限于企业内部，而是呈现出明显的空间效应。鉴于此，本章将探索孵化器促进企业创新的空间机制，具体将检验和分析空间溢出效应和空间影响路径，一方面旨在完善孵化器对企业创新的影响机制研究，另一方面为更好地发挥孵化器在活跃创新资源、促进创新资源跨区域流动、推动区域协同创新中的重要作用提供科学指引。

回顾文献，目前有关孵化器的研究基本局限于孵化器或在孵企业的单一视角，而将孵化器放到区域范围内的研究较为少见（朱云浩，2014），更遑论对孵化器空间溢出效应的探讨。具体来讲，考虑到孵化器

① 国务院出台的《“十三五”国家科技创新规划》和科技部出台的《科技企业孵化器“十三五”发展规划》均指出，应加强孵化器的跨区域协同机制，完善区域孵化器协作网络。

在区域协调发展中的重要作用以及科学布局孵化器的重要性[①]，近年来逐渐开始有学者研究孵化器在区域协同发展中的重要作用（朱云浩，2014），以及孵化器的空间关联模式（刘晓英，2014；吴文清等，2017）。但是，关于孵化器对企业创新的空间溢出效应这一关键问题的研究在学术界却是空白。本书认为，空间溢出效应是孵化器作用机制的重要组成部分，而忽视这种潜在的空间溢出效应，很有可能导致模型出现估计偏误[②]。同时，空间溢出效应也是解释孵化器对于区域协同创新作用的关键。

为此，本章将从理论和实证两个层面研究孵化器促进企业创新的空间机制（包括空间溢出效应和空间影响路径），以完善空间视角下孵化器促进企业创新的机制研究，寻找孵化器在区域协同创新中发挥作用的科学依据，从而为区域间孵化网络的构建和区域协同创新的实现建言献策。具体地，本章首先结合孵化网络理论、孵化器集群理论以及区域间技术溢出理论，构建关于孵化器对企业创新的空间溢出效应的理论假说。其次，采用动态空间杜宾模型检验空间溢出效应和空间影响路径。其中，本书所采用的动态空间杜宾模型属于一类比较前沿的空间计量模型，其相较于常规空间杜宾模型而言，能够更好地提高估计精度，增强模型解释力。

7.2　理论分析与研究假设

孵化器是连接在孵企业与外部创新要素的重要媒介，我国很多地区已经形成了以孵化器和在孵企业为核心，各类投融资机构、高校和科研院所、同行业及产业上下游企业等外部其他相关主体为辅助支撑的庞大的孵化网络。孵化网络作为一个集丰富创新资源为一体的集成平台，为各单位

---

① 同时，孵化器对区域创新和区域经济的提升作用是政府建立孵化器的重要目的之一。

② 许多研究表明，忽视空间溢出效应极易造成对直接效应估计的偏误。例如，Elhorst（2014）、张强和张映芹（2016）证明了当不考虑空间溢出效应时会高估直接效应。本章实证部分也将证实这一点。

之间人员、技术、信息的密切交流提供了便利①。这就在很大程度上加强了区域间技术溢出。区域间技术溢出源于 Marshall（1890）的外部性理论，其认为由于知识存在外部性，区域间和产业间会产生知识溢出。通常来讲，通过市场竞争、人员流动、技术及管理方法模仿、产业上下游关联等方式，地区之间可以产生技术溢出，特别是在地区间存在明显技术差距的情况下，技术先进地区与技术落后地区之间更易发生技术转移，技术溢出效应更加明显，从而带动落后地区的创新发展（符淼，2008）。这是区域间技术溢出的一般情形，而孵化网络强大的平台效应能够促使各地区在孵企业之间的交流合作更加便利，人才、信息、技术等创新要素的跨区域流动更加有效，从而使得区域间技术溢出更加方便。加上近年来公共技术服务平台，以及众创、众包、众扶、众筹（四众）等“大众创业、万众创新”支撑平台快速发展，在很大程度上增强了区域间技术溢出，进而促进了孵化器对企业创新的空间外溢效应的形成。

近年来，以互联网、大数据和云技术为技术依托的虚拟孵化器在我国不断出现。虚拟孵化器是一种以网络为载体的新型孵化组织，可以全天候、全方位地为本地和远程的企业提供各类孵化服务（赵黎明和张玉洁，2011；吕波，2014）。因此，虚拟孵化器突破了地域的限制，其跨区域孵化功能有效地促进了孵化器对企业创新的空间外溢效应的形成。不仅如此，“互联网+”下虚拟孵化体系通过网络链接起企业、孵化器、产业、大学、政府等各类单位，并且部分虚拟孵化器开始把各种资源集中在“云”端，从而使得资源和信息的跨界交流较以前更加方便快捷（吕波，2015）。此外，虚拟孵化体系具有叠圈效应，其结果是使技术流、知识流、人才流、政策流、资金流、信息流的互动更加高效，更加不受时间和空间限制。因此，虚拟孵化器及其构成的虚拟孵化体系使得“互联网+”下的传统孵化网络更加网络化，从而进一步加强了区域间技术溢出，加速

① 孵化器产业的发展形成了创业企业和创新资源的集聚效应，这进一步增强了企业间的合作交流，培育和壮大了孵化网络，因而进一步增强了区域间技术溢出，促进了孵化器对企业创新的空间溢出效应的形成。

了孵化器对企业创新的空间外溢效应的形成。

由于规模经济和范围经济的存在，所以孵化器通常表现出明显的集聚化发展趋势（陈莉敏，2008）。同时，随着交通和信息通信技术的日益发达以及经济和人员往来的日益密切，孵化器集群已不再局限于区域内部，而是通过市场竞争与合作、信息共享等方式实现了跨区域集群，这使得孵化网络的范围不断向周边地区扩大。近年来在我国长三角、京津冀等地区出现了一大批区域间孵化器联盟以及跨区域孵化器，区域间孵化器协作网络不断扩大，并成为未来孵化器产业发展的重要方向。孵化器的跨区域集群使得各类创新主体之间的互通有无、信息传递和资源共享更加便利。由此，在孵化器集群及孵化网络的作用下，一个地区孵化器产业的发展会带动周边地区的孵化器产业发展以及创新发展。这在一定程度上加速了孵化器对企业创新空间的外溢效应的形成。

以上主要说明的是孵化网络内部的技术溢出，除此之外，在孵化网络的外部也存在着技术的辐射和扩散。在孵企业通过与外部企业、经营机构以及政府部门等发生商业往来，以及通过将技术创新成果推向市场并为社会所熟知等途径，可以实现知识、技术创新活动和成果的跨区域技术扩散（陈莉敏，2008）。同时，当前我国创新创业活动逐步走向开放协同，创新创业资源、创业项目及团队、创业服务机构的地区间互动交流日益频繁，在此背景下，孵化器对其他地区的辐射带动作用更加明显。这是孵化器对企业创新的空间溢出效应的又一成因。

综上可知，在孵化网络、虚拟孵化体系，以及孵化器集群和辐射的作用下，一个地区的孵化器产业发展能够通过区域间技术溢出促进其他地区的企业创新（见图7-1）。同时，随着“大众创业、万众创新”的不断推进，孵化网络将不断得到强化和完善，区域间技术溢出将更加显著，从而使得孵化器对企业创新的空间溢出效应不断增强。由此，我们提出本章待检验的研究假设。

假设：孵化器对企业创新具有正向的空间溢出效应，并且随着时间的推进，空间溢出效应将不断增强。

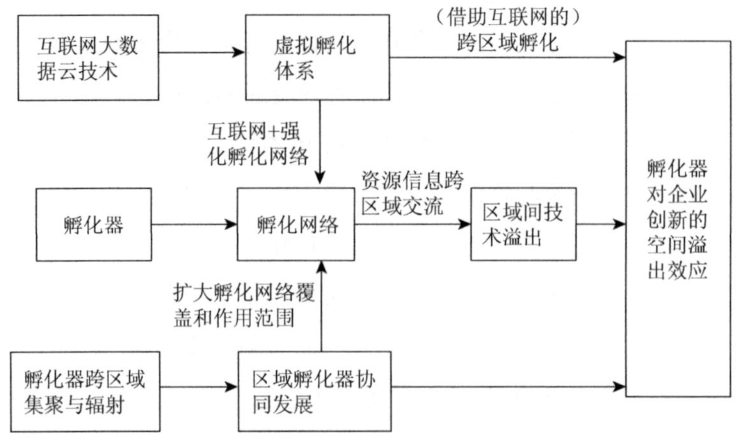

图 7-1　孵化器对企业创新的空间溢出效应的形成机制

7.3　研究设计

7.3.1　动态空间杜宾模型

动态空间杜宾模型由 Elhorst（2014）提出，从时间和空间两个维度刻画孵化器对企业创新的影响，是分析孵化器对企业创新空间的溢出效应的有力工具。我们首先介绍动态空间杜宾模型的一般形式，然后结合本书理论框架构建动态空间杜宾模型来测算孵化器对企业创新的空间溢出效应。

Elhorst（2003）提出的空间面板基准模型为（以空间滞后模型为例）：

$$Y_t = \rho W Y_t + \alpha_1 X_t + Z_t \beta + v_t A + B + \varepsilon_t \tag{7-1}$$

其中，$Y_t = (y_{1t}, \cdots, y_{Nt})'$，表示由每个空间单元（$i=1, \cdots, N$）的被解释变量在第 t 时期（$t=1, \cdots, T$）观测值组成的 $N\times 1$ 向量；$X_t = (x_{1t}, \cdots, x_{Nt})'$，为主要解释变量；控制变量 Z_t 为 $N\times K$ 矩阵（K 为控制变量个数），β 为 $K\times 1$ 矩阵；v_t 代表时间效应，$A = (1, \cdots, 1)'$；$B = (\varpi_1, \cdots, \varpi_N)'$，代表地区效应；扰动项 $\varepsilon_t = (\varepsilon_{1t}, \cdots, \varepsilon_{Nt})'$，且 ε_t 为独立同分布，$E(\varepsilon_t)=0$，$E(\varepsilon_t \varepsilon_t')=\sigma^2 I_N$，$I_N$ 为 N 阶单位矩阵；ρ 为空间回归

系数；W 为 $N\times N$ 非负空间权重矩阵。该模型控制了个体和时间固定效应，可以较好地解决估计的有偏问题。在此基础上，参照 Elhorst（2014）的做法，引入被解释变量的滞后项，构建动态空间面板模型：

$$Y_t = \tau Y_{t-1} + \rho WY_t + \eta WY_{t-1} + \alpha_1 X_t + Z_t\beta + v_t A + B + \varepsilon_t \tag{7-2}$$

其中，Y_{t-1} 为被解释变量的滞后项，其他变量含义同式（7-1），下文同。Le Sage 和 Pace（2009）指出，如果一个模型满足空间滞后模型或空间误差模型之中任意一个或同时满足，需要进一步考察更加广义的空间杜宾模型（SDM），其表达式为：

$$Y_t = \rho WY_t + \alpha_1 X_t + \alpha_2 WX_t + Z_t\beta + v_t A + B + \varepsilon_t \tag{7-3}$$

其中，Wx_t 表示主要解释变量的空间滞后项。进一步考虑，由于经济系统存在空间效应的同时也存在动态效应，我们尝试在空间杜宾模型的基础上构建动态空间杜宾模型：

$$Y_t = \tau Y_{t-1} + \rho WY_t + \eta WY_{t-1} + \alpha_1 X_t + \alpha_2 WX_t + Z_t\beta + v_t A + B + \varepsilon_t \tag{7-4}$$

这就是本书所采用的动态空间杜宾模型。上式可进一步改写为：

$$Y_t = (I - \rho W) - 1(\tau I + \eta W) Y_{t-1} + (I - \rho W) - 1(\alpha_1 X_t + \alpha_2 WX_t) + (I - \rho W) - 1 Z_t\beta + (I - \rho W) - 1(v_t A + B) + (I - \rho W) - 1\varepsilon \tag{7-5}$$

通过偏微分矩阵运算可以求出 X 对 Y 的直接效应和空间溢出效应。根据 Elhorst（2014），静态空间杜宾模型仅有长期效应，而动态空间杜宾模型可以同时测算短期效应和长期效应。具体来讲，在特定时间 t 上，从空间单位 1 到空间单位 N 的 X 对应的 Y 的期望值的偏导数矩阵可以写为：

$$\left[\frac{\partial E(Y_t)}{\partial x_{1t}} \cdots \frac{\partial E(Y_t)}{\partial x_{Nt}}\right]_t = \begin{bmatrix} \frac{\partial E(y_{1t})}{\partial x_{1t}} \cdots \frac{\partial E(y_{1t})}{\partial x_{Nt}} \\ \vdots \quad \vdots \quad \vdots \\ \frac{\partial E(y_{Nt})}{\partial x_{1t}} \cdots \frac{\partial E(y_{Nt})}{\partial x_{Nt}} \end{bmatrix}_t = (I - \rho W)^{-1}(\alpha_1 I + \alpha_2 W) \tag{7-6}$$

这些偏导数表示一个特定空间单位中的 X 发生一个单位的变化在短时

间内对所有空间单位的 Y 的效应。在公式中间的偏导数矩阵中，对角线元素的均值称为（短期）直接效应，非对角线元素的行和或列和的均值称为（短期）空间溢出效应。平均的行效应代表其他空间单位中的 X 对一个特定空间单位中的 Y 的影响，平均的列效应代表一个特定空间单位中的 X 对其他空间单位中 Y 的影响。然而，由于空间溢出效应的这两种计算方法所得数值是相等的，因而使用哪种计算方法并不重要。一般来说，空间溢出效应被解释为一个特定空间单位中的 X 对其他空间单位中 Y 的影响，即平均的列效应（Elhorst，2014）。类似地，其长期效应可以写为：

$$\left[\frac{\partial E(Y_t)}{\partial x_{1t}}\cdots\frac{\partial E(Y_t)}{\partial x_{Nt}}\right]=\begin{bmatrix}\frac{\partial E(y_{1t})}{\partial x_{1t}}\cdots\frac{\partial E(y_{1t})}{\partial x_{Nt}}\\ \vdots \quad \vdots \quad \vdots\\ \frac{\partial E(y_{Nt})}{\partial x_{1t}}\cdots\frac{\partial E(y_{Nt})}{\partial x_{Nt}}\end{bmatrix}=$$

$$[(1-\tau)I-(\rho+\eta)W]^{-1}(\alpha_1 I+\alpha_2 W) \tag{7-7}$$

这些偏导数表示一个特定空间单位中的 X 发生一个单位的变化在长时间内对所有空间单位的 Y 的效应。长期直接效应和空间溢出效应的定义同短期。

关于模型的估计方法，Elhorst（2014）的研究认为，对于动态空间杜宾模型来说，偏误修正最大似然方法具有很好的小样本性质，可以较好地解决普通最大似然估计量的偏误问题。因此，参照该做法，本书采用偏误修正最大似然方法估计模型。

据此，在式（3-11）的基础上引入空间效应和动态效应，构建本书所需的动态空间杜宾模型如下：

$$\begin{aligned}\ln patent_t = {} & \tau \ln patent_{t-1} + \rho W \times \ln patent_t + \eta W \times \ln patent_{t-1} + \\ & \alpha_1 hatch_t + \alpha_2 W \times hatch_t + X_t\beta + v_t A + B + \varepsilon_t\end{aligned} \tag{7-8}$$

其中，$W\times\ln patent_t$ 和 $W\times hatch_t$ 分别为创新水平和在孵企业数量的空间滞后项；$\ln patent_{t-1}$ 为创新水平的时间滞后项；$W\times\ln patent_{t-1}$ 为创新水平的时间和空间滞后项；ρ 为空间回归系数；W 为 $N\times N$ 非负空间权重矩阵，其他变量含义同上。该模型从时间和空间两个维度刻画了孵化器与创新的关系，根据式（7-6）和式（7-7），可以计算孵化器对创新的直接效应和空间溢出效应（包括长期和短期）。

7.3.2　变量与数据

本书采用能够同时反映地理距离和经济距离的空间权重矩阵。首先采用地区间地理距离倒数的平方作为空间权重矩阵中元素的取值，构造地理距离矩阵，即：

$$W_D = d_{ij}^{-2}\ (i \neq j)\ ;\ W_D = 0\ (i = j) \tag{7-9}$$

以往研究中 d_{ij} 通常取值为第 i 个城市和第 j 个城市的球面距离，但是，考虑到实际中地区间的经济联系通常取决于交通运输的便利性，而公路货运运输量占据货物运输量的绝大部分份额，所以本书采用城市间公路里程，即 d_{ij} 取值为第 i 个城市和第 j 个城市之间的铁路客运里程，公路里程数据来源于 2016 年《中国地图集》。

W_D 反映了地理距离的影响，而现实中地区间价格的空间相关性除与地理距离相关以外，还要受到其他非地理因素的影响，例如，经济发达地区对相对落后地区的影响和辐射作用会远远大于落后地区对发达地区的影响。借鉴李靖（2010）的做法，本书将经济因素引入空间权重矩阵，构造同时反映地理和经济特征的空间权重矩阵：

$$W_Z = W_D \times diag(\overline{Z}_1 \sqrt{Z}\ ,\ \overline{Z}_2\ \sqrt{Z}\ ,\ \cdots,\ \overline{Z}_{31} \sqrt{Z}) \tag{7-10}$$

其中，W_D 为地理距离空间权重矩阵；Z 在本书中选取人均实际 GDP（GDP 是一个衡量各地经济发展的综合指标，包含的信息量大，能够较好地反映各地经济发展状况）；$\overline{Z_i} = 1/\ (t_1 - t_0 + 1)\ \sum_{t_1}^{t_0} Z_{it}$ 为考察期内第 i 个城市人均实际 GDP 平均值；$\overline{Z} = 1/n\ (t_1 - t_0 + 1)\ \sum_{i=1}^{n} \sum_{t_1}^{t_0} Z_{it}$ 为考察期内总的人均实际 GDP 平均值；t 为不同时期；W_Z 为经济权重矩阵。

在实证分析之前，我们首先计算各时段孵化器产业发展（在此用各地区在孵企业数量表示）的 Moran's I 指数（Anselin，1988），以考察孵化器产业发展的空间相关性。结果显示，所有年份的 Moran's I 指数值均在 1% 的水平下显著（本书不再具体列出），2007—2015 年各年份的 Moran's I 指数值如图 7-2 所示。可以看出，除 2008 年稍有下降之外，2007 年以来我国孵化器产业发展的空间相关性呈现明显的上升趋势。这说明一个地区孵化器产业的发展可以带动其他周边地区的发展，并且这种带动作用越来越显著。因此，这初步印证了上文提到的关于我国孵化器产业形成了较好的辐射带动作用、孵化器产业正逐渐向三四线城市及中西部城市扩散、我国孵化器产业的空间格局正向好发展的结论。

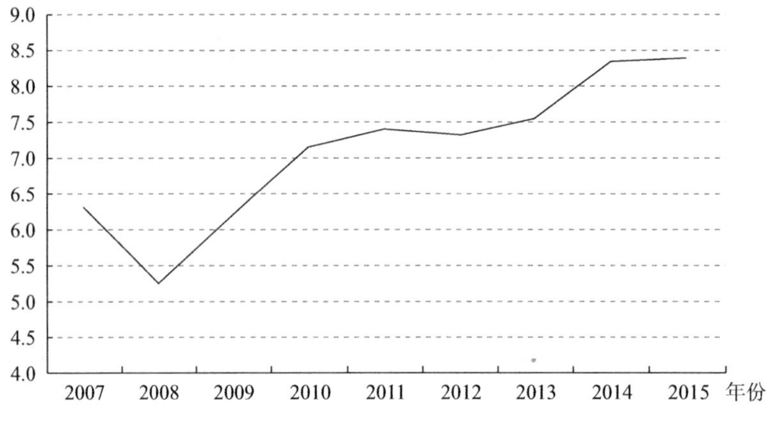

图 7-2 孵化器产业的 Moran's I 指数值（2007—2015 年）

进一步地，孵化器产业是如何实现空间关联的？其对周边地区的企业创新有何影响？为回答这些问题，下面我们将实证检验孵化器对企业创新的空间溢出效应，并探索其形成机制，以更好地探讨孵化器产业对企业创新的空间影响路径。

7.4 实证结果及分析

7.4.1 空间溢出效应与空间影响路径分析

首先基于面板固定效应模型的残差做 Moran's I 检验和 LM 检验，以检验空间效应的存在①。Moran's I 指数值显著为正，说明需拒绝残差空间相互独立的原假设，进而表明各地区创新水平具有显著为正的空间相关性。由 LM 检验得到的 LM-LAG 和 Robust LM-LAG 以及 LM- ERR 和 Robust LM- ERR 检验统计量均在统计上显著，说明应该选择空间计量模型。

应该选用何种形式的空间计量模型？我们通过计算 LR-SD-LAG 和 LR-SD-ERR 两个似然比来分别检验空间杜宾模型是否优于空间滞后模型和空间误差模型。两个检验统计量均在统计上显著，说明需拒绝两个原假设，选择空间杜宾模型。此外，Hausman 检验拒绝随机效应与固定效应模型之间无差别的原假设，所以，应该采用上文式（7-3）所示的固定效应空间杜宾模型（见表 7-1）。

表 7-1　空间模型相关检验结果

检验	统计值	P 值
Moran's I test	2.3702	0.0177
LM-LAG test	17.0142	0.0000
LM-ERR test	3.8562	0.0500
Robust LM-LAG test	13.9035	0.0000
Robust LM-ERR test	0.7455	0.388
LR-SD-LAG test	74.9676	0.0000
LR-SD-ERR test	74.6415	0.0500
Hausman test	32.9922	0.0000
LR 联合显著性检验	59.74	0.0000

① 忽视空间效应很有可能影响到估计结果的无偏性、一致性和有效性。

静态空间杜宾模型估计结果如表 7-2 列（1）所示。创新的空间滞后变量 ρ 显著为正，说明创新具有显著为正的空间相关性，并且其调整的 R^2 明显高于普通面板模型，说明引入空间效应是合理的。模型引入了孵化器的空间滞后变量 W×创新水平，一个地区的孵化器不仅会影响这个地区的创新水平本身（直接效应），而且会影响到其他地区的创新水平（空间溢出效应）。结果显示，直接效应和空间溢出效应①均显著为正。

表 7-2　空间溢出效应估计结果（全样本）

变量	(1) 空间杜宾模型	(2) 空间杜宾模型	(3) 动态空间杜宾模型	(4) 动态空间杜宾模型
创新水平（滞后项）			0.429***	0.418***
			(6.81)	(6.61)
W×创新水平（滞后项）			-0.181*	-0.056
			(-1.69)	(-0.51)
孵化器	0.088***	0.086***	0.041*	0.044*
	(3.18)	(3.11)	(1.77)	(1.88)
W×孵化器	0.514***	0.544***	0.238***	0.267***
	(5.71)	(5.91)	(2.71)	(2.89)
投资增长速度		-0.037		0.166
		(-0.26)		(1.41)
高等教育水平		4.978		9.703**
		(0.97)		(2.25)
开放程度		0.605***		0.231
		(2.99)		(1.34)
外商直接投资水平		0.233*		0.51
		(0.16)		(0.47)

① Elhorst（2012）指出，是否存在空间溢出效应需要直接对空间溢出效应测算结果进行判断，基于空间杜宾模型中的空间滞后系数将无法正确地得出空间溢出效应，导致模型估计结果被错误地解释。所以，本书通过上文中介绍的偏微分矩阵分析方法检验经济波动空间溢出效应的存在性。另外，静态空间杜宾模型仅有长期效应。

续表

变量	(1) 空间杜宾模型	(2) 空间杜宾模型	(3) 动态空间 杜宾模型	(4) 动态空间 杜宾模型
ρ	0.732***	0.612***	0.598***	0.527***
	(9.85)	(9.44)	(7.48)	(5.97)
地区效应	是	是	是	是
时间效应	是	是	是	是
R-squared	0.9918	0.9918	0.9953	0.9955
log-likelihood	81.89	81.47	112.25	117.23
直接效应（长期）	0.149***	0.142***	0.198	0.158
	(5.33)	(5.33)	(1.48)	(0.39)
空间溢出效应（长期）	1.465***	1.345***	0.984	0.946
	(9.91)	(9.51)	(0.61)	(0.76)
直接效应（短期）			0.075***	0.074***
			(2.76)	(2.71)
空间溢出效应（短期）			0.643***	0.599***
			(2.89)	(2.92)
N	186	186	155	155

这说明一个地区的孵化器产业发展不仅有利于本地区创新水平的提高，而且还能产生空间溢出效应，促进其他地区的创新发展。由此，我们所提出的研究假设得到初步验证。关于空间溢出效应的产生机制，正如理论分析中所介绍的，孵化器对企业创新的正向空间溢出效应主要来源于孵化网络、虚拟孵化体系、孵化器集群与辐射效应以及跨区域技术扩散。孵化网络强大的平台效应促使地区间交流合作更加便利，人才、信息、技术等创新要素的跨区域流动更加有效，从而使得区域间技术溢出更加畅通；虚拟孵化器及其构成的虚拟孵化体系使得“互联网+”下的传统孵化网络更加网络化，从而进一步加强了区域间技术溢出；孵化器集群能够产生区域辐射和扩散效应，带动集群外部地区的创新发展；孵化器加强了知识、

技术创新活动和成果的跨区域技术扩散。

某地区的创新水平通常会与本地区及其邻近地区的上一期创新水平相关，即创新水平除了存在空间相关性（空间效应），还存在时间相关性（动态效应）。因而，有必要考虑将静态空间杜宾模型扩展成如式（7-8）所示的动态空间杜宾模型，以提高估计精度，增加模型解释力。参照 Elhorst（2014）的做法，我们做 LR 联合显著性检验，ln*patent*（-1）和*W*×ln*patent*（-1）两个变量联合显著，说明将静态空间杜宾模型扩展成动态空间杜宾模型可以增加模型的解释力，使用动态空间杜宾模型是必要的。其中，ln*patent*（-1）为正，*W*×ln*patent*（-1）为负，说明创新水平受到上一期的自身创新水平的正向影响，以及上一期其他地区创新水平的负向影响。

动态空间杜宾模型估计结果见表 7-2 列（3）。结果显示，模型的调整的 R^2 和 log-likelihood 值均大于静态空间杜宾模型，说明使用动态空间杜宾模型是合理的。表 7-2 同时给出了动态空间杜宾模型下孵化器的直接效应和空间溢出效应。其中，直接效应还包含空间反馈效应，该效应反映了孵化器的影响传递到相邻地区后又反作用于本地区。结果显示，无论是长期还是短期，直接效应和空间溢出效应均显著为正，直接效应的估计系数与孵化器变量的估计系数的方向相同，大小和显著性程度较为接近，差值为地区间的空间反馈效应，可见空间反馈效应显著为正。该结果表明孵化器既对本地区创新水平产生促进作用，又对其他邻近地区创新水平产生促进作用，同时，该作用传递到相邻地区后又会对本地区有一个正向的反馈效应。也就是说，孵化器对企业创新的影响会通过地区之间的循环反馈作用引发一系列动态调整，直到形成新的均衡。这一过程可视为孵化器对企业创新的空间影响路径。

与静态空间杜宾模型仅有长期效应不同，动态空间杜宾模型将空间效应分为长期效应和短期效应。如表 7-2 所示，短期的直接效应和空间溢出效应均显著为正；两者的长期效应也均为正；但不显著。关于直接效应，上文基于中关村海淀科技园微观数据的实证分析证实孵化器具有促进企业创新的长效机制，而全国宏观层面的结果显示长期的直接效应不显著。究其原因，这可能是由于全国部分地区，特别是中西部地区，相对于东部发达地区而言，孵化器产业发展滞后，孵化体系欠完善，孵化网络欠成熟，因而其长期效应尚未充分显现。关于空间溢出效应在长期不显著的原因，可能是由于某些地区的孵化网络还不够成熟，孵化器跨区域交流协作机制不完善，使得孵化器产业的地区间带动作用尚不够明显。

综上所述，一个地区的孵化器产业发展不仅可以显著促进本地区的创新发展，而且能够通过孵化网络和区域间技术溢出来促进其他地区的创新发展，进一步地，这种影响通过地区之间的循环反馈作用将引发一系列动态调整，直到形成新的均衡。然而，由于我国现阶段孵化网络和跨区域孵化机制尚不十分完善，相较于短期效应，导致孵化器空间溢出效应的长期效应较弱。

此外，比较动态空间杜宾模型和普通面板模型中孵化器的直接效应①，可以看出，普通面板模型的直接效应明显大于动态空间杜宾模型，说明若不考虑空间溢出效应，直接效应会被高估，即孵化器对创新水平的影响系数存在偏误。这再次有力地说明了在孵化器与创新水平关系的研究中引入空间溢出效应的必要性。

控制变量方面，以上各模型的各控制变量的方向、大小和显著性程度均未发生明显变化，且均符合理论预期。

7.4.2　稳健性检验

本部分将从变换模型形式和变换空间权重矩阵两个方面检验研究结论的稳健性。

1. 变换模型形式

本书主要采用的是动态空间杜宾模型，且上文论证了该模型对于本书所研究问题的合理性。然而，动态空间杜宾模型是一个全局空间溢出模型

① 普通面板模型中孵化器的直接效应等于该模型中孵化器变量的系数（Elhorst，2014）。

(Le Sage，2014)，鉴于此，参照 Ezcurra 和 Rios（2015）的做法，进一步考虑两个局部空间溢出模型——动态 SLX 模型和动态 SDEM 模型，即：

$$\ln patent_t = \tau \ln patent_{t-1} + \alpha_1 hatch_t + \alpha_2 W \times hatch_t + X_t\beta + v_t A + B + \varepsilon_t \tag{7-11}$$

和

$$\ln patent_t = \tau \ln patent_{t-1} + \alpha_1 hatch_t + \alpha_2 W \times hatch_t + X_t\beta + v_t A + B + \psi_t \tag{7-12}$$

其中，$\psi_t = \xi W \psi_t + \varepsilon_t$，$\psi_t = (\psi_{1t}, \cdots, \psi_{Nt})'$。以上两式均为向量形式，各变量的含义见式（7-6）。对于动态 SLM 和动态 SDEM 模型：令式（7-6）中 $\rho = 0$ 可得到两个模型的短期效应 $\alpha_1 I + \alpha_2 W$，其中对角线元素的均值为短期直接效应，非对角线元素的均值为短期空间溢出效应；令式（7-7）中 $\rho = \eta = 0$，可得到两个模型的长期效应 $(1-\tau)^{-1}(\alpha_1 I + \alpha_2 W)$，其中对角线元素的均值为长期直接效应，非对角线元素的均值为长期空间溢出效应。其中，直接效应和空间溢出效应（包括长期和短期）均为局部空间溢出效应。此外，我们还使用了带有所有控制变量空间滞后项的动态空间杜宾模型。结果显示，无论采用何种形式的模型，主要结论均没有发生明显变化，说明研究结论比较稳健。

2. 变换空间权重矩阵

空间权重矩阵是空间计量模型的重要元素，本部分检验研究结论是否受空间权重矩阵的影响。我们使用不考虑经济因素的公路距离空间权重矩阵重新估计模型。公路距离空间权重矩阵是严格外生的，可以提高模型估计的精度。实证结果显示，使用公路距离空间权重矩阵的估计结果基本与上文使用经济距离空间权重矩阵相同：孵化器的直接效应和空间溢出效应均显著为正，并且各系数大小变化不大。因此，本书的结论不受空间权重矩阵差异的影响，说明研究结论比较稳健。

7.4.3 空间溢出效应的动态变化

自国家实施创新驱动发展战略，提出“大众创业、万众创新”指导思想以来，我国又掀起了一股新的创新创业热潮。作为国家创新体系的重要组成部分，孵化器产业实现了又一次加速发展，孵化体系越发成熟，孵化器集群化发展趋势越发明显。那么，与之前相比，孵化器对企业创新的空间溢出效应是否出现新的变化？基于此考虑，继续考察孵化器对企业创新的空间溢出效应在近年来的动态变化情况。

我国于 2012 年提出创新驱动发展战略，同时互联网、大数据和云技术开始得到迅速普及，鉴于此，我们考察孵化器对企业创新空间溢出效应在 2012 年前后的差异。具体地，将全部样本划分为 2012 年之前和之后两个子样本，基于此分别利用动态空间杜宾模型进行检验。检验过程同上，检验结果如表 7-3 所示。可以看出，无论是否加入控制变量，2012 年前后的空间溢出效应均显著为正，但更为重要的是，从大小上看，后者明显大于前者。也就是说，我国孵化器对企业创新的空间溢出效应在 2012 年之后更加显著。

究其原因，一方面是因为，随着国家实施创新驱动发展战略和“大众创业、万众创新”方略，2012 年之后我国孵化体系更加成熟，孵化器的跨区域协作机制更加完善，孵化器等创新创业要素的集聚化发展趋势更加明显，孵化网络更加完善且庞大。因此，一个地区孵化器产业的发展会辐射带动周边地区孵化器产业发展，并且会通过技术溢出最终促进周边地区创新水平的提高。另一方面，近年来，互联网、大数据和云技术催生了真正网络化的孵化网络平台，尤其是虚拟孵化器的出现，使得各创新主体、各类资源信息的交流互动不再受时间和地域限制，跨区域交流更加方便快捷，从而极大地增强了区域间技术溢出效应，使得孵化器对企业创新的空间溢出效应更加明显。

孵化器对企业创新空间溢出效应的逐渐增强，说明区域孵化器协调机制不断完善，孵化器在盘活各地区创新资源以及促进资源、技术、信息等跨区域交流中的作用更加突出，即其在区域创新协同中的作用越来越重要。

表 7-3　空间溢出效应估计结果（分时段）

变量	(1) 2012 年之前	(2) 2012 年之前	(3) 2012 年之后	(4) 2012 年之后
创新水平（滞后项）	0.183*	0.137*	0.471***	0.467***
	(1.87)	(1.91)	(5.13)	(5.23)
W×创新水平（滞后项）	0.124	-0.189	-0.287	0.062
	(0.77)	(-1.28)	(-1.55)	(0.31)
孵化器	0.029*	0.019*	0.104*	0.129**
	(1.82)	(1.76)	(1.88)	(2.01)
W×孵化器	0.311**	0.293***	0.434***	0.660***
	(2.13)	(2.69)	(2.91)	(3.84)
投资增长速度		-0.040		0.235
		(-0.29)		(1.52)
高等教育水平		221.758***		11.832***
		(5.37)		(3.37)
开放程度		-0.822		0.273
		(-2.25)		(1.39)
外商直接投资水平		-2.810		0.034
		(-2.00)		(0.03)
ρ	0.453***	0.322**	0.527***	0.239*
	(3.46)	(2.38)	(4.59)	(1.71)
地区效应	是	是	是	是
时间效应	是	是	是	是
R-squared	0.9965	0.9973	0.9978	0.9980
log-likelihood	77.537	94.670	105.22	111.39
直接效应（长期）	0.115	0.016	0.279	0.370
	(1.01)	(1.52)	(1.53)	(1.29)
空间溢出效应（长期）	1.528	1.395*	1.671	1.553
	(1.49)	(1.88)	(0.26)	(0.53)
直接效应（短期）	0.058*	0.024	0.157**	0.154**
	(1.74)	(0.87)	(2.51)	(2.46)

续表

变量	(1) 2012 年之前	(2) 2012 年之前	(3) 2012 年之后	(4) 2012 年之后
空间溢出效应（短期）	0.587*	0.430***	0.993***	0.892***
	(1.89)	(2.62)	(4.12)	(5.18)
N	93	93	93	93

7.5 小　结

随着孵化体系的日渐成熟和孵化网络的日益壮大，孵化器在盘活各地区创新要素、促进创新要素跨地区流动，进而推动区域协同创新中的作用日益增强。因此，研究孵化器促进企业创新的空间机制，探索孵化器对企业创新的空间溢出效应和空间影响路径，对于更好地发挥孵化器在区域协同创新中的作用、加快落实创新驱动发展战略、推进创新型国家建设而言具有十分重要的意义。本章基于中国 31 个省（自治区、直辖市）2007—2015 年数据，采用动态空间杜宾模型，实证分析我国孵化器对企业创新的空间溢出效应及其形成机制。研究发现，孵化网络、虚拟孵化体系以及孵化器集群与辐射促进了区域间技术溢出，从而推动了孵化器对企业创新空间溢出效应的形成。不仅如此，由于地区间技术溢出和经济发展空间联动性的存在，所以孵化器的空间溢出效应又会产生空间反馈效应，使得孵化器对企业创新的影响在传递到其他地区后又反作用于本地区。同时，从理论上讲，由于累积效应的存在，孵化器的直接效应和空间溢出效应在长期来看均有效。总之，孵化器对企业创新的影响会通过地区之间的循环反馈作用引发一系列动态调整，直到形成新的均衡。这一过程可视为孵化器对企业创新的空间影响路径。

本书关于孵化器对企业创新空间溢出效应的研究弥补了现有研究没有考虑空间溢出效应的缺陷，对于理解孵化器与企业创新的关系机制具有重要意义。同时，也完善了孵化网络背景下区域技术溢出相关理论。

此外，孵化器对企业创新的空间溢出效应与孵化器产业的集聚与辐射扩散形成了良好互动。近年来，我国东部和发达地区的孵化器产业在充分集聚的同时，也产生了较好的辐射带动作用，从而使得近年来孵化器产业由东部地区逐渐向中西部地区扩散，由一二线发达城市逐渐向三四线城市扩散。特别是一些拥有一线城市资源的二三线城市以及有地方政策扶持的区域，将率先产生优势效应。在孵化器的辐射带动下，地区之间的创新创业能力将形成较好的竞争和激励机制，促进全国创新创业环境进一步提升，同时也促使我国区域创新走向均衡发展。特别是近年来随着国家实施创新驱动发展战略和“大众创业、万众创新”指导思想的提出，我国孵化体系逐渐成熟，孵化器集群化趋势更加明显，孵化网络更加完善和庞大，孵化器对企业创新的空间溢出效应更加明显，其在区域协同创新中的作用将会更加突出。这一点也在文中得到了证实。

本书第 6 章和第 7 章完整地研究了孵化器促进企业创新的地区异质性效应及空间机制。综合上述研究结论，我国孵化器产业东部地区发展最好但部分城市投资过剩，中西部地区投资不足且孵化成效有待进一步提高；孵化器在集聚发展的同时，“虹吸效应”逐渐转变为“溢出红利”，孵化器产业在空间上逐渐向中西部地区辐射和扩散，孵化器产业格局正处于向好发展阶段，区域协同创新不断推进。根据我国孵化器产业发展的这一实际情况，在创新驱动发展战略和区域协同创新目标的指导下，我们一方面应针对各地区的实际特点合理安排孵化器投资，并提升孵化质量和孵化效率。另一方面应利用空间溢出效应来更好地发挥孵化器在区域创新协同中的重大作用：首先，孵化器及创新创业相关政策的制定和实施应充分考虑孵化器对企业创新的空间溢出效应和空间影响路径；其次，积极探索孵化器跨区域协同促进机制；最后，完善区域孵化网络，用孵化网络激活创新网络，最终实现区域协同创新。

第 8 章　研究结论与政策建议

8.1　主要研究结论

本书的主要工作是系统研究孵化器促进企业创新的效应与机制。在系统梳理和评述国内外相关研究的基础上，首先采用大型微观数据集和前沿统计模型测度和分析孵化器对企业创新的促进效应，包括基本分析以及宏观和微观视角下的异质性分析；其次，综合运用理论分析与实证分析方法，研究孵化器促进企业创新的两个主要机制——微观机制和空间机制。本书主要得到以下结论：

（1）总体来看，孵化器对企业创新具有显著的促进效应，但其在创新过程的各阶段存在差异，主要表现为随着创新过程的推进，孵化器的促进效应逐渐减弱。

本书首先在第 3 章进行孵化器促进企业创新的一般性检验，以初步揭示孵化器对企业创新的作用效果。考虑到已有的研究在企业创新变量选取上比较单一，而事实上企业创新包含创新过程的多个方面，本书就孵化器对企业创新投入、创新产出、创新效率、生产率以及非技术创新的促进效应依次进行检验和分析，以获取较为全面的经验证据，并探索符合创新规律的孵化路径。同时，本书突破已有研究在数据和方法方面的不足，在孵化器相关研究中首次采用大型微观数据集（中关村海淀科技园企业微观数据集）和 PSM-DID 方法，力争实现对效应的准确测度。研究发现，总体来看，孵化器能够有效促进企业创新。但是，在各阶段的影响程度存在差异，主要表现为：相对于创新投入和专利产出，孵化器对科技成果转化以及价值增值等创新活动后期阶段的促进作用较弱，特别是在帮助在孵企业对接市场、推动创新成果产业化方面表现欠佳，即随着创新过程的推进，孵化器的促进作用逐渐减弱。此外，孵化器在提升企业非技术创新方面，其效果也有待加强。本书认为这一方面印证了我国现阶段科技成果转化水平较低的事实，另一方面说明我国孵化器孵化服务结构欠佳、服务质量有待提高，尤其是应将帮助企业实现科技成果转化作为下一步的重要着力点。

（2）孵化时间特征、企业异质性以及时间和地区特征使得孵化器对企业创新的促进效应具有多重异质性。

考虑到孵化器对企业创新的促进作用可能会受到孵化时间特征、企业异质性以及时间、地区特征等多方面因素的影响，本书进一步借助强大的微观数据优势并运用多种前沿统计方法来深入考察孵化器促进企业创新的异质性效应。在微观层面，主要考察孵化期限、所有制性质、行业特征、企业规模、企业创新发展阶段等因素所引致的异质性。而在宏观层面，本书重点考察时空变化所产生的影响。考察孵化器异质性作用的目的在于弥补已有的研究所得结论较为单一和片面的缺陷，丰富和完善关于孵化器对企业创新促进效应的相关研究，同时寻找孵化器发挥作用的具体规律，从而为实现精准孵化和合理配置孵化资源提供科学依据。总结本书关于孵化器促进企业创新的异质性效应的研究如表 8-1 所示。微观分析表明，孵化器具有促进企业创新的长效机制，但孵化期限并非越长越好，退出机制有待完善；孵化器在各行业的作用有明显差异，专业化、垂直化孵化模式有待加强；孵化器的作用随着企业规模的扩大呈现倒“U”型变化，小微企业“孵化难”问题亟待解决；不同创新水平分位点呈现出“中间好、两头弱”的特点，孵化全链条建设势在必行。时间层面的分析表明，孵化器的全国总体效应在不断增强，但近年来已经逐渐减弱，其主要原因是新常态带来的阵痛和各地区对孵化器过度投资。在空间层面上，孵化器地区不均衡与辐射扩散并存，部分地区过度投资可能限制全国孵化器的发展。总体上看，孵化器对企业创新的促进作用东部地区优于中西部地区，但部分东部地区低于预期，并且国有比重较高的地区孵化成效相对较弱。

表 8-1　孵化器促进企业创新的异质性效应研究总览

异质性考察角度	主要结论	主要政策建议	研究方法
创新过程	各阶段的效应大小存在差异，产学研合作和科技成果转化是主要薄弱环节	探索符合科技企业创新规律的孵化路径	PSM-DID 模型；三阶段递推 CDM 模型；FGLS 估计方法
动态效应	孵化器具有促进企业创新的长效机制	加强孵化全链条建设；完善孵化资源的动态配置	动态扩展的 PSM-DID 模型；广义倾向得分匹配模型
孵化期限	随着孵化期限的增加，孵化器对企业创新的促进效应呈现倒“U”型变化	由“投入导向型”转向“效率导向型”；健全孵化企业退出机制，提高孵化效率	PSM-DID 模型（交互项检验）
所有制性质	外资>民营>国企	引导民间资本进入，实现多元化发展	PSM-DID 模型（分样本检验）
行业特征	工业>科技服务业>生产性服务业>生活性服务业>公共服务业	“因行业制宜”；走专业化、垂直化路线，推进专业孵化器建设	PSM-DID 模型（分样本检验）
企业规模	呈现倒“U”型的门限特征；对小规模企业的孵化力度不足	改革落后的运营模式与盈利机制，加强对小规模企业的孵化力度	门限面板模型
创新发展阶段	创新水平分位点呈现“中间好、两头弱”的特点	完善“众创空间—孵化器—加速器”孵化全链条建设	分位数 PSM-DID 模型
时间变化	呈倒“U”型变化（整体呈现上升趋势，但 2013 年后又有所下降）	新时期应把握创新驱动发展的战略机遇期，减少盲目过度投资和同质化竞争，不断探索孵化器发展的新路径和新模式	非参数时变系数面板模型（宏观数据）；PSM-DID 模型（分样本检验）（微观数据）

续表

异质性考察角度	主要结论	主要政策建议	研究方法
地区差异	东部地区优于中西部地区，但部分东部地区效果低于预期；国有比重较高地区相对较弱	科学布局孵化器；引导资金向中西部流动；建设符合地区特点的专业孵化器	固定效应变系数模型

总之，微观层面的异质性分析表明，我国孵化器存在诸多优势和不足，其中的不足主要根植于我国孵化器长期存在的模式陈旧、机制落后等问题，所以扬长补短成为未来的重要目标；同时，企业异质性的存在要求孵化器的作用发挥应因企业制宜，实施精准孵化。宏观层面的异质性分析表明，新时期应把握创新驱动发展的战略机遇期，减少盲目过度投资和同质化竞争，不断探索孵化器发展的新路径和新模式，发挥孵化器在新常态中的重要作用；同时发挥孵化器在区域创新体系建设和区域创新协同中的重要作用。

（3）管理效率、人才结构、融资水平、产学研合作、行业资源获取以及科技成果转化是孵化器促进企业创新的重要微观机制。

本书借助强大的微观数据优势，系统且深入地研究孵化器促进企业创新的微观机制，以探索孵化器促进企业创新的微观行为基础。具体地，第6章首先将孵化器促进企业创新的微观机制归结为管理效率、人才结构、融资水平、产学研合作、行业资源获取以及科技成果转化六大机制，然后运用中介效应模型对各个机制及其内部结构进行全面的检验，以获取孵化器促进企业创新微观机制的详细经验证据，丰富和完善相关理论，同时发掘各机制存在的问题。总结本书关于孵化器促进企业创新的微观机制的研究如表8-2所示。研究发现，管理效率、人才结构、融资水平、产学研合作、行业资源获取以及科技成果转化等是孵化器促进企业创新的重要机制；同时，各机制的作用效果存在明显差异，某些机制（尤其是产学研合作和科技成果转化）内部存在明显的薄弱环节，而这些薄弱环节正是提升创新水平的关键因素。因此，孵化器在产学研合作以及科技成果转化等方面的缺陷和不足自然成为当前我国孵化器产业发展亟须解决的问题。总之，本书关于孵化器促进企业创新微观机制的实证研究丰富和完善了微观机制相关理论，同时为发掘优势和不足、寻找转型发展的着力点提供了科学指引。

表 8-2　孵化器促进企业创新的微观机制研究总览

主要机制	具体机制	主要研究结论
管理效率	管理效率、成本率、企业存活率	管理效率的中介效应相对最大，说明孵化器主要是通过降低在孵企业管理成本，提高管理效率，从而实现成本的节省和存活率的提高，进而促进企业创新
人才结构	研究团队规模、海归数量、学历结构	孵化器能够增强企业家的人才意识，帮助在孵企业壮大研发团队规模，提高海归数量和学历结构，从而为企业创新活动提供强有力的智力支持。其中，海归数量的中介效应相对较大
融资水平	融资规模、融资结构（直接融资比重）、风险投资、创业基金	无论是从融资规模、融资结构还是从风险投资、创业基金等重要的融资方式来看，孵化器所提供的孵化服务以及孵化网络所提供的集成平台作用都可以拓宽融资渠道，有效提升在孵企业的融资水平，优化融资结构，从而为创新活动的顺利开展不断提供强有力的资金支持
产学研合作	产学研合作、与高校合作、与研究机构合作	产学研合作是孵化器促进企业创新的重要机制，但其中也存在一些薄弱环节，尤其是在与高校合作上，重数量而轻质量，即孵化器在改善校企合作的科技成果转化方面有待提高
行业资源获取	行业资源获取	孵化器及孵化网络能够使得在孵企业与同行及产业链上下游企业建立长期稳定的合作关系，以实现资源共享、信息互通与合作共赢，从而有效促进企业创新
科技成果转化	销售成本率、技术收入、新产品销售收入	孵化器有利于企业科技成果转化水平的提升，但同时对不同的科技成果转化实现方式有所差异：对技术转让、技术咨询等科技成果转化实现途径的孵化效果比较显著，而对新产品销售的孵化效果则相对欠佳，其主要原因在于孵化器在帮助在孵企业开拓市场、对接消费者需求方面的效果较弱（销售成本率的机制作用不太显著）

（4）由于孵化网络和区域间技术溢出的存在，孵化器对企业创新具有

正向空间溢出效应，存在空间影响路径，由此形成了孵化器促进企业创新的空间机制。

本书首次引入空间溢出效应，研究孵化器促进企业创新的空间机制，其对于孵化器促进企业创新的机制研究而言，是一个重大的补充和完善，同时对于加快推进孵化器在区域协同发展中的重要作用而言具有重要的现实意义。具体地，第 7 章首先结合相关经典理论提出孵化器促进企业创新的空间溢出效应假说，其次基于中国 31 个省（自治区、直辖市）2007—2015 年数据，采用前沿的动态空间杜宾模型来实证分析我国孵化器对企业创新的空间溢出效应（包括长期和短期），探索空间影响路径。研究发现，由于孵化网络和区域间技术溢出的存在，所以孵化器在促进本地区企业创新的同时也会促进其他地区的企业创新，即对企业创新具有正向的空间溢出效应。不仅如此，由于地区间技术溢出和经济发展空间联动性的存在，所以孵化器对企业创新的影响会通过地区之间的循环反馈作用引发一系列动态调整，直到形成新的均衡。这一过程即可视为孵化器促进企业创新的空间影响路径。而且，近年来随着我国孵化体系的逐渐成熟和孵化网络的不断完善，孵化器对企业创新的空间溢出效应更加明显，其在区域协同创新中的作用将会更加突出。因此，结合空间机制来深入探索跨区域孵化机制，发挥孵化器在区域创新体系建设和区域协同创新中的重要作用将是下一步重要的着力点。

综上所述，本书将宏观与微观相结合，既立足孵化器发挥作用的微观行为基础，又关注其在行业、地区乃至全国层面的表现；将理论与实践相结合，既探索和完善孵化器促进企业创新的相关理论，又寻求能够实际落地的孵化策略与政策；将定性与定量相结合，既注重理论演绎和逻辑判断，同时又采用微观数据集、前沿的统计模型以及多角度选取的变量，力图得出丰富细致而又严谨可靠的研究结论。总之，本书研究取得了较丰富的实证结论，具有较高的理论价值和实践价值。

8.2 政策建议

本书首先证实了孵化器对于企业创新的促进作用，这说明我国孵化器产业发展取得了较好的成效，基本达到了预期目标，为加快我国孵化器行业的发展提供了良好的开端；其次，通过深入分析孵化器对企业创新的促进机制，理解孵化器从微观和空间两个层面对企业创新发挥作用的机制；最后，通过一系列的实证分析发现孵化器行业发展的薄弱环节。因此，为明确孵化器发展的下一步着力点，本书提出如下政策建议：

1. 探索符合科技企业创新规律的孵化路径，进一步加强孵化器在产学研合作和科技成果转化中的重要作用

首先，探索符合科技企业创新规律的孵化路径。科技企业的创新具有自身的规律，是一个从创新投入到创新产出，再到生产率提升的动态过程。本书研究发现，孵化器在创新的不同阶段，孵化效应存在较大的差异。因此，应根据创新过程各阶段特征和孵化器效果的阶段性变化，适时调整孵化服务的内容和力度，合理配置孵化器资源，引导孵化器服务企业创新的关键环节，探索符合科技企业创新规律的孵化路径。

其次，加强孵化器对产学研结合的促进作用，提高科技成果转化率。本书研究发现，孵化器在提升在孵企业产学研合作和科技成果转化方面的效果相对较弱，从而导致其对创新成果产业化和企业生产率的提升效果相对不太明显。目前，我国的科技成果转化率还不到20%，而发达国家则高达70%~80%，对比之下我国孵化器产业的发展仍有较大的提升空间。因此，加强孵化器对产学研合作的促进作用，提高科技成果转化率，进而推动在孵企业的生产率提升势在必行。具体来讲，我们应该从以下几个方面做出相应的努力：

一是推动发展孵化器“上游与高校和科研机构合作、下游与产业合作”的产业链式经营模式，从而有效发挥孵化器在产学研结合中的重要作用；二是本书研究发现，高校和科研机构在科技成果转化中表现不佳的现

象一直存在，并且孵化器没能较好地改善这一不足，鉴于此，高校和科研机构可以自建科技成果孵化体系，促进产学研融合；三是孵化器应调整科技评价“指挥棒”，建立以企业的技术需求为主导的、市场化的项目甄选管理体制；四是规范孵化器投资，提高孵化资源配置效率，加大孵化器在产学研合作和科技成果转化方面的服务力度；五是在关注创新“供给侧”的同时，加强对创新“需求侧”的资金投入和服务力度，更好地促使创新面向市场，与市场无缝衔接；六是引导建设专业孵化器，加大专业孵化器布局力度，使得企业与高校和研究机构可以针对专业领域更好地开展产学研合作，加快科技成果转化。

2. 优化孵化资源配置，根据企业差异化特征实施精准孵化

本书以实践为导向，详细考察了孵化时间特征及企业异质性所引致的孵化器促进企业创新的异质性效应，所得出的丰富的研究结论对企业经营者合理制定孵化策略、孵化器经营者实施精准孵化以及政策制定者加强对孵化器产业的科学指导均具有重要的指导意义。概括来讲，关于异质性效应的研究一是启发我们应做到孵化资源在不同类型企业间、不同成长阶段间的合理配置，以提高孵化效率；二是启发我们应找准优势补短板，加强对薄弱环节的孵化力度；三是启发我们根据企业差异化特征实施精准孵化。具体地，本书提出如下建议：

首先，针对不同企业特征，实施精准孵化。本书的研究证实了在孵企业的发展阶段和企业类型方面的差异会影响孵化效率，因此，政策制定者应根据企业的异质性特征，实现孵化资源在不同属性特征企业、行业以及地区之间的优化配置，以避免孵化资源的过度集中或不合理配置所造成的无谓损失与资源浪费，从而更好地促进孵化器产业的健康发展和孵化效率的稳步提升。同时，本书研究还发现，所有制性质、行业特征、企业规模、创新发展阶段等企业异质性特征是导致孵化器对企业创新的促进效应发生变化的重要因素。因此，在孵化器考察的企业对象范围内，应遵循市场规律，注重分类引导。同时，在入孵培育阶段应有的放矢地选择适宜的培育方式。

其次，健全孵化企业退出机制，加快孵化器内部新旧企业的更迭。孵化企业退出机制缺失问题在我国一直存在，而本书研究发现，孵化期限并非越长越好，过长的孵化期限会阻碍孵化器效应的发挥。鉴于此，应加快孵化器的退出机制建设。因此本书提出如下三点建议：一是应该建立合理的孵化企业退出机制，加快孵化器内部新旧企业的更迭，保持孵化器的源头活力；二是应改进孵化器的孵化路径，从“投入导向型”转向“效率导向型”，根据不同行业的企业成长周期特色、专业技术特点等条件来合理安排孵化期限，适时选择毕业时间，提高孵化效率，从而确保有限的资源投入能够最大限度地发挥作用；三是对于政策制定者而言，应合理分配孵化资源，以避免孵化资源的过度集中或不合理配置所造成的无谓损失与资源浪费，进而促进孵化产业的健康发展和孵化效率的稳步提升。

最后，加强对小微企业的孵化力度，使孵化器真正成为培育创新创业的摇篮。本书基于企业规模的异质性效应研究发现，孵化器对小企业的促进效应相对欠佳。为此，我国政府部门和孵化器经营者都应加强对小规模企业的孵化力度。具体而言，应建立良好的孵化器运营和盈利模式，借鉴国外成功孵化器所采用的可持续的盈利模式，增加对入驻企业的早期资本投入，后期通过股权投资退出获利，从而减少孵化器直接引进规模化企业现象；同时实施精准孵化，改善对于小规模企业的孵化质量，使孵化器真正成为培育创新创业的摇篮。

3. 积极探索新型孵化模式，实现孵化器多元化发展

新时期，新产业、新业态、新商业模式不断涌现，这要求我们积极探索新型孵化模式，实现孵化器多元化发展。

首先，鼓励孵化器走专业化、垂直化路线，推进专业孵化器建设。本研究发现，孵化器对企业创新的促进效应具有行业异质性特征，而提升对各类行业的孵化质量的关键就是孵化器应明晰自身定位和差异化成长方向，探索专业化、垂直化发展模式，打造专业孵化器，为企业提供有针对性的服务，从而提高孵化效率。

其次，加强创业孵化链条建设，完善“众创空间—孵化器—加速器”

创业孵化链条建设。本书研究发现，对于创新能力不同的企业，孵化器对其的创新促进效应呈现出“中间好、两头弱”的现象，即孵化器对创新能力较低和较强的企业有所忽视。为此，应针对企业创新不同阶段的孵化服务需求来实施精准孵化，将孵化服务向前期和后端进行拓展，加强和完善“众创空间—孵化器—加速器”创业孵化链条建设。

最后，拓宽孵化活动范围，促进各类新型孵化器建设发展。新时期，新企业、新业态、新商业模式的不断涌现，要求孵化器突破原有模式实现多元化发展，以适应经济发展的需要。例如，本研究发现，科技服务业的快速发展在很大程度上得益于与其相适应的新型孵化器的孵化作用，同时又要求孵化新模式、新机制、新服务的不断跟进。因此，新时期应促进各类新型孵化器建设发展，加快形成多元化发展新格局。

4. 改善孵化器运行模式和盈利机制

我国孵化器的蓬勃发展离不开政府的大力扶持，然而，政府主导孵化器的弊端越来越明显，严重阻碍了孵化器产业的长远发展及其对创新创业作用的发挥。本书研究发现，政府主导孵化器市场机制不健全，孵化器投资的快速膨胀导致孵化器市场出现同质化竞争和盲目竞争现象，导致孵化效率低下，出现了孵化器产业的“产能过剩”现象，严重影响到孵化成效的提升；同时，政府主导下孵化器经营模式落后，缺乏经营的积极性和自主性以及有效的激励机制。为此，以改善孵化器运行模式和盈利机制为目标，本书提出以下几点建议：

首先，引入民间资本，实现投资主体的多元化。我国科技企业孵化器的发展应当进一步加快从政府主导型向市场主导型的转化，政府应该从建设孵化器向营造孵化器环境转化，从重点对微观支持向重点对宏观支持转化；同时应在政府支持的基础上进一步加大公众参与力度，不断优化孵化器投资结构，倡导发展天使投资与创业孵化紧密结合的“孵化+创投”模式，鼓励民间资本进入，提高市场化水平，推进建立有序竞争、健康发展的孵化器市场。

其次，减少对政府的过度依赖，探索可持续的盈利模式。在当前孵化器普遍所采用的“二房东”模式下，孵化器过多地关注入驻率而非成功率，这导致其对初创企业重视不足等不良现象的产生。因此，应减少对政府的过度依赖，打破“二房东”模式，借鉴股权绑定机制等国内外成熟模式，最终构建可持续的盈利模式。

最后，培育并完善市场机制，形成良好的竞争环境。创新的基本要求是完善的市场机制，实现资源的优化配置。孵化器虽然初期为政府政策框架的一部分，但近年来已经逐步形成多元化的发展模式。选择何种企业进入孵化器培育，应当依据市场来选择，避免为了争抢孵化资源而带来的寻租现象。只有符合市场标准的孵化机制才能从根本上培育服务业的内生创新动力。

5. 因地制宜，科学布局，发挥孵化器在区域创新体系建设和区域协同创新中的重要作用

本书通过研究我国孵化器对企业创新促进效应的地区差异发现，我国孵化器产业东部地区发展最好，但部分城市投资过剩，中西部地区投资不足且孵化成效有待进一步提高。同时，孵化器在集聚发展的过程中，“虹吸效应”逐渐转变为“溢出红利”，其在空间上逐渐向中西部地区辐射和扩散，孵化器产业格局正向好发展，区域协同创新不断推进。通过研究孵化器促进企业创新的空间机制发现，孵化器对企业创新具有空间溢出效应，其在激活地区创新要素、促进创新资源跨区域流动、推动区域协同创新方面均发挥着日益重要的辐射带动作用。因此，在创新驱动发展战略和区域协同创新目标的指导下，应着力发挥孵化器在区域创新体系建设和区域协同创新中的重要作用。

首先，因地制宜，发展具有地区特色的专业孵化器。孵化器具有很强的地理属性，同时研究得知其对企业创新的促进效应具有明显的地区异质性。因此，投资和发展孵化器产业应该因地制宜，立足本地特色，尤其是本地的创新创业环境以及产业结构，减少盲目过度投资和同质化竞争，改善孵化服务质量，提高资源利用效率；各地区应结合地区特点建设专业孵化器，为企业提供更加有针对性的服务。

其次，积极探索孵化器跨区域协同促进机制。考虑到孵化器集群在促进本地及其他地区孵化器产业发展及创新发展等方面所产生的良好效果，我们应该进一步鼓励孵化器的集群发展和协同发展，并充分发挥其对欠发达地区的辐射带动作用。同时，加强孵化器在精准扶贫精准脱贫中的重要作用，通过孵化器建设来引导人才、技术、资金等创新资源向贫困地区集聚。

再次，强化孵化器的空间溢出效应，促进区域协同创新。考虑到孵化器空间溢出效应的重要性，应通过完善孵化网络、加强区域间技术溢出、推进虚拟孵化体系建设等方式，进一步强化孵化器的空间溢出效应。同时，关于孵化器相关政策的评估、制定和实施，中央和地方政府应将空间溢出效应充分考虑在内，做到统筹规划、地区权衡。

最后，完善区域孵化网络，用孵化网络激活创新网络，最终实现区域协同创新。由本书的分析可以看出，孵化网络是孵化器空间溢出效应的重要来源，同时也是激活带动各方资源的强大载体。因此，我们应该借助孵化网络强大的集成平台作用来建设一个有序竞争、互通有无的市场，加强区域间人才、技术、资金等各方面创新要素的自由流动，同时进一步完善孵化网络，适当扩大孵化网络的作用范围，最终促进区域创新协同发展。

综上所述，新时期应把握创新驱动发展的战略机遇期，加快转型升级，不断探索孵化器产业发展的新路径和新模式，引领国民经济走向高质量发展。

8.3 研究不足及展望

本书系统地研究了孵化器促进企业创新的效应和机制，包括全面、细致地检验了孵化成效，完善了孵化机制的相关理论和实证研究，深入挖掘了我国孵化器发展过程中所存在的各类问题，并结合中国实际提出了切实可行的对策建议。然而，受数据条件以及笔者的时间精力和研究能力所限，本书仍存在一定的不足，有待进一步完善：

首先，本书在实证研究中以孵化企业为研究主体，全面细致地检验了孵化器对企业创新的促进效应，包括考察了孵化时间特征和企业异质性影响下孵化器对企业创新的异质性效应。然而，囿于数据条件的限制，本书并没有实证检验孵化器的异质性特征，如孵化器类型等对于孵化器作用发挥的影响，而这正是导致异质性效应的主要因素，并且对精准孵化的实施具有十分重要的现实意义。为此，笔者今后将考虑拓宽数据获取渠道，力争获取关于孵化器特征的相关数据来做进一步的研究。

其次，孵化器最初是政府解决科技创新市场失灵的重要手段，同时在其后续发展过程中逐渐成为政府实施一系列创新支持政策的重要载体，所以孵化器的产生和发展始终与政府政策分不开，尤其对于我国而言更是如此。实证检验国家政府在创新方面的相关政策方针（如双创政策等）以及孵化器相关政策（如孵化器税收优惠政策等）对孵化成效的影响，将是未来的又一个重要研究课题。

再次，考虑到孵化网络是当前孵化器运行机制及其作用发挥的重要内容，实证分析孵化网络特征及其对创新创业的影响效果，以及孵化网络平台机制设计等问题将具有十分重要的理论和现实意义。在后续研究中，笔者将对此进行详细的研究。

最后，在本书的微观实证部分，考虑到数据的可获得性，本书是以中关村海淀科技园为例进行实证研究。正如上文所述，采用中关村海淀科技园企业数据集来研究孵化器对企业创新的影响效应具有较高的科学性、严谨性和代表性。同时，本书在研究过程中也注重将实证结果与全国的实际情况相结合进行分析，力争能够得到全国性的研究结论。然而，即便如此，我们仍然无法得出全国层面更加细致和可靠的研究结论。为此，进一步获取全国其他地区的企业微观数据以进行更大范围的实证研究将是未来的主要研究课题。

总之，中关村海淀科技园企业数据集为本书的研究提供了强大的数据基础，使得我们能够在学术界首次对孵化器促进企业创新的效应和机制问题进行系统、全面、细致的研究。然而，金无足赤，对于孵化器特征、政策机制、孵化网络等一些更加细致的研究问题，由于政府统计工作的局限，现有数据集尚不能较好地给予支撑，因此这自然成为我们进一步研究的方向和未来需完善的内容。

参考文献

[1] AERNOUDT R. Incubators: Tool for entrepreneurship?[J]. Small business economics, 2004, 23 (2): 127-135.

[2] AKÇOMAK S. Incubators as tool for entrereneurship promotion in developing economies [R]. Merit working papers, 2009 (52): 228-264.

[3] ALLEN D N, MCCLUSKEY R. Structure, policy, services, and performance in the business incubator industry [J]. Entrepreneurship theory and practice, 1990 (15): 61-77.

[4] BAKOUROS Y L, MARDAS D C, VARSAKELIS N C. Science park, a high tech fantasy?: An analysis of the science parks of Greece [J]. Technovation, 2002, 22 (2): 123-128.

[5] BARON R M, KENNY D A. The moderator-mediator variable distinction in social psychological research: conceptual, strategic, and statistical considerations [M]. Lead Pollution Causes and Control. Chapman and Hall, 1986: 1173-1182.

[6] BERTRAND M, MULLAINATHAN S. Enjoying the quiet life? corporate governance and managerial preferences [J]. Journal of political economy, 2003, 111 (5): 1043-1075.

[7] BØLLINGTOFT A, ULHØI J P. The networked business incubator—leveraging entrepreneurial agency? [J]. Journal of business venturing, 2005, 20 (2): 265-290.

[8] BRUNEEL J, RATINHO T, CLARYSSE B, et al. The evolution of business incubators: comparing demand and supply of business incubation services across different incubator generations [J]. Technovation, 2012, 32 (2): 110-121.

[9] CAI Z. Trending time-varying coefficient time series models with serially correlated errors [J]. Journal of econometrics, 2007, 136 (1): 163-188.

[10] CHAN K F, LAU T. Incubators as tool for entrereneurship Assessing technology

incubator programs in the science park：the good，the bad and the ugly [J] . Technovation，2005，25（10）：1215-1228.

[11] CHEN C J. Technology commercialization，incubator and venture capital，and new venture performance [J] . Journal of business research，2009，62（1）：93-103.

[12] CHEN Q，CHEN X，SCHIPPER K，et al. The sensitivity of corporate cash holdings to corporate governance [J] . Review of financial studies，2012，25（12）：3610-3644.

[13] COLOMBO M G，DELMASTRO M. How effective are technology incubators：evidence from Italy [J] . Research policy，2002，31（7）：1103-1122.

[14] CREPON B，DUGUET E，MAIRESSEC J. Research，innovation and productivity：an econometric analysis at the firm level [J] . Economics of innovation & new technology，1998，7（2）：115-158.

[15] CZARNITZKI D，HANEL P，ROSA J M. Evaluating the impact of R&D tax credits on innovation：a microeconometric study on Canadian firms [J] . Research policy，2011，40（2）：217-229.

[16] DAGHFOUS A，WHITE G R. Information and innovation：a comprehensive representation [J] . Research policy，1994，23（3）：267-280.

[17] DAVIS R A，DUNSMUIR W，WANG Y. The role of the propensity score in estimating dose-response functions [J] . Biometrika，2000，87（3）：706-710.

[18] DEE N J，LIVESEY F，GILL D，et al. Incubation for growth：a review of the impact of business incubation on new ventures with high growth potential [M] . NESTA，2011：1-53.

[19] EZCURRA，R and V RIOS. Volatility and regional growth in europe：does space matter? [J] . Spatial economic analysis，2013，10（3）：344-368.

[20] FAN J，GIJBELS I. Local polynomial modelling and its applications [M] . Chapman and Hall，London，1996.

[21] GRIMALDI R，GRANDI A. Business incubators and new venture creation：an assessment of incubating models [J] . Technovation，2005，25（2）：111-121.

[22] HACKETT S M，DILTS D M. A real options-driven theory of business incubation [J] . Journal of technology transfer，2004，29（1）：41-54.

[23] HACKETT S M, DILTS D M. A systematic review of business incubation research [J] . Journal of technology transfer, 2004, 29 (1): 55-82.

[24] HALL B H, HARHOFF D. Recent research on the economics of patents [J] . Annual review of economics, 2012, 4 (1): 541-565.

[25] HANSEN B E. Threshold effects in non-dynamic panels: estimation, testing, and inference [J] . Journal of econometrics, 1999, 93 (2) .

[26] J P ELHORST. Spatial econometrics: from cross - sectional data to spatial panels [M] . Berlin: Springer, 2014.

[27] J P EIHORST. Specification and estimation of spatial panel data models [J] . International regional science review, 2003, 26 (3): 244-268.

[28] KAMIEN M I, SCHWARTZ N L. Optimal "Induced" technical change [J] . Econometrica, 1968, 36 (1) .

[29] L ANSELIN. Spatial econometries: methods and models [M] . Dorddreeht: Kluwer Aeademie Publishers, 1988.

[30] LE SAGE, J and M FISCHER. Spatial growth regressions: model specification, estimation and interpretation [J] . Spatial economic analysis, 2008, 3 (3): 275-304.

[31] LI DEGUI, CHEN JIA, GAO JITI. Non-parametric time-varying coefficient panel data models with fixed effects [J] . The econometrics journal, 2011, 14 (3): 387-408.

[32] LIEGSALZ J. Patent examination at the state intellectual property office in China [R] . Esmt research working papers, 2010, 42 (2): 552-563.

[33] MAITAL S, RAVID S, SESHADRI D V R, et al. Toward a grounded theory of effective business incubation [J] . Vikalpa the journal for decision makers, 2008, 33 (4): 1-14.

[34] MARLOW S, MCADAM M. A preliminary investigation into networking activities within the university incubator [J] . International journal of entrepreneurial behaviour & research, 2008, 82 (4): 219-241.

[35] MARSHALL A. Principle of economics [M] . London: Macmillan. 1890.

[36] MONCK C S P. Science parks and the growth of high technology firms [M] . Croom Helm, 1988.

[37] NORDFORS J, SANDERED J, WESSNER C. Commercialization of academic research results [M] . Swedish Agency for Innovation Systems, 2003.

[38] PENA I. Business incubation centers and new firm growth in the basque country [J] . Small business economics, 2004, 22 (3-4): 223-236.

[39] PETERS L, RICEM, Sundararajan M. The role of incubators in the entrepreneurial process [J] . Journal of technology transfer, 2004, 29 (1): 83-91.

[40] R LALKAKA, D SHAFFER. Nurturing entrepreneurs, creating enterprises: Technology business incubation in Brazil [M] . International conference on effective business development services, 1999.

[41] ROBINSON P M. Nonparametric trending regression with cross-sectional dependence [J] . Journal of econometrics, 2012, 169 (1): 4-14.

[42] ROSENBAUM P R, RUBIN D B. The central role of the propensity score in observational studies for causal effects [J] . Biometrika, 1983, 70 (1): 41-55.

[43] ROTHAERMEL F T, THURSBY M. University - incubator firm knowledge flows: assessing their impact on incubator firm performance [J] . Research policy, 2005, 34 (3): 305-320.

[44] Sá C, LEE H. Science, business, and innovation: understanding networks in technology-based incubators [J] . R & D Management, 2012, 42 (3): 243-253.

[45] SAINAGHI R, BAGGIO R. Structural social capital and hotel performance: Is there a link? [J] . International journal of hospitality management, 2014, 37 (37): 99-110.

[46] SCHUMPETER J A. Capitalism, socialism and democracy [M]. Montana: Kessinger Publishing, 2010.

[47] SCHWARTZ M, HORNYCH C. Cooperation patterns of incubator firms and the impact of incubator specialization: empirical evidence from Germany [J] . Technovation, 2010, 30 (9-10): 485-495.

[48] SIRMON G, HITT M, IRELAND D. Managing firm resour-ces in dynamic environments to create value: looking inside the black box [J] . Academy of management review, 2007, 32 (2): 273-292.

[49] SOETANTO D P, JACK S L. Business incubators and the networks of technology-based firms [J] . Journal of technology transfer, 2013, 38 (4): 432-453.

[50] SOMSUK N, WONGLIMPIYARAT J, LAOSIRIHONGTHONG T. Technology business incubators and industrial development: resource-based view [J]. Industrial management & data systems, 2012, 112 (2): 245 - 267.

[51] TAVOLETTI E. Business incubators: effective infrastructures or waste of public money? looking for a theoretical framework, guidelines and criteria [J]. Journal of the knowledge economy, 2013, 4 (4): 423-443.

[52] WESTHEAD P. R&D "inputs" and "outputs" of technology-based firms located on and off science parks [J]. R & D management, 1997, 27 (1): 45 - 62.

[53] YANG C H, MOTOHASHI K, CHEN J R. Are new technology-based firms located on science parks really more innovative: evidence from Taiwan [J]. Research policy, 2009, 38 (1): 77-85.

[54] ZHANG H, SONOBE T. Business incubators in China: an inquiry into the variables associated with incubatee success [J]. Economics: the open-access, open-assessment e-journal, 2011, 5 (3): 1-26.

[55] 毕可佳，胡海青，张道宏．孵化器编配能力对孵化网络创新绩效影响研究：网络协同效应的中介作用 [J]．管理评论，2017，29 (4)：36-46.

[56] 蔡跃洲．科技成果转化的内涵边界与统计测度 [J]．科学学研究，2015，33 (1)：37-44.

[57] 陈贝力．企业孵化器对创业板上市公司的影响分析 [J]．现代经济信息，2014 (6)：336-337.

[58] 陈莉敏．科技企业孵化器集群机理研究 [D]．武汉：武汉理工大学，2008.

[59] 陈思，何文龙，张然．风险投资与企业创新：影响和潜在机制 [J]．管理世界，2017 (1)：158-169.

[60] 陈粟．企业孵化器与技术创新 [D]．厦门：厦门大学，2006.

[61] 陈子丰．论科技孵化器在我国发展的现状、问题与对策 [J]．现代经济信息，2016 (11)．

[62] 程郁，崔静静．孵化器税收优惠政策的传导效应评估 [J]．科研管理，2016，37 (3)：101-109.

[63] 崔静静，程郁．孵化器税收优惠政策对创新服务的激励效应 [J]．科学学研究，2016，34 (1)：30-39.

[64] 代碧波，孙东生．基于 DEA 方法的科技企业孵化器运行效率评价：以东北地区 14 家国家级企业孵化器为例［J］．科技进步与对策，2012，29（1)：142-146.

[65] 戴小勇，成力为．研发投入强度对企业绩效影响的门槛效应研究［J］．科学学研究，2013，31（11)：1708-1716.

[66] 党建兵．跨组织联结、资源管理与企业创新绩效［D］．南京：南京大学，2013.

[67] 丁连福，杜一，王军．关于孵化器专业技术支撑平台建设的探讨［J］．科技成果纵横，2007（4)：17-18.

[68] 董香书，肖翔．“振兴东北老工业基地”有利于产值还是利润？——来自中国工业企业数据的证据［J］．管理世界，2017（7)：24-34.

[69] 封新宇．基于多中心治理的区域科技孵化网络协同创新机制研究［D］．天津：天津大学，2015.

[70] 冯金余．科技企业孵化器的创新驱动效应研究［J］．科研管理，2017，38（11)：38-47.

[71] 冯金余．企业孵化器的创新驱动效应研究：基于省级面板数据的随机前沿分析［J］．证券市场导报，2017（2)：14-20.

[72] 冯金余．我国科技孵化器的发展、存在问题与对策［C］.2014 年山东省科协学术年会，2014.

[73] 符淼．技术溢出的空间计量和阈值回归分析［D］．武汉：华中科技大学，2008.

[74] 高昌林，王小童.CDM 模型及其在测度中国企业创新中的应用研究［J］．科技管理研究，2010，30（15)：50-54.

[75] 韩寅．技术创新的市场失灵机制以及政府作用［J］．技术经济与管理研究，2015（4)：48-51.

[76] 胡海青，李浩．孵化器领导力与孵化网络绩效实证研究［J］．管理评论，2016，28（3)：164-172.

[77] 胡兰．创新创业孵化模式　构建创业生态系统：大连高新区新型孵化器典型案例模式介绍［J］．中国高新区，2015（5）.

[78] 黄曼慧，黄燕．孵化器产生和发展的经济学理论基础研究［J］．科技进步与对策，2001，18（12)：142-143.

[79] 黄涛，李光．我国科技企业孵化器研究现状综述［J］．中国科技论坛，2005（2)：67-71.

[80] 康兰媛，朱红根．“民工荒”背景下农民工择业稳定性影响因素实证分析：基于代际差异视角［J］．农林经济管理学报，2013，12（4）：479-485.

[81] 李具恒，杜万坤．科技企业孵化器的逻辑与促进区域协调发展的功能实现机理［J］．甘肃社会科学，2008（3）：221-224.

[82] 李涛．孵化器与天使投资融合发展中的政府对策研究［D］．北京：北京理工大学，2015.

[83] 李云鹤，李湛．专业孵化器及其在我国发展中的问题研究［J］．科技管理研究，2010，30（13）：58-61.

[84] 李振华，王佳硕，吴文清．孵化网络中在孵企业资源获取对创新绩效的影响：以关系社会资本为中介变量［J］．科技进步与对策，2017，34（12）：62-69.

[85] 李振华，赵寒，吴文清．在孵企业关系社会资本对创新绩效影响：以资源获取为中介变量［J］．科学学与科学技术管理，2017，38（6）：144-156.

[86] 李振华，赵敏如，王佳硕．社会资本对区域科技孵化网络创新产出影响：基于多中心治理视角［J］．科学学研究，2016，34（4）：564-573.

[87] 李志祥，宋清．科技企业孵化器运营效率的激励性规制［J］．北京理工大学学报（社会科学版），2012，14（6）：45-49.

[88] 梁云志，司春林．孵化器的商业模式研究：理论框架与实证分析［J］．研究与发展管理，2010，22（1）：43-51.

[89] 林德昌，廖蓓秋，陆强，等．科技企业孵化器服务创新影响因素研究［J］．科学学研究，2010，28（6）：920-925.

[90] 林强，姜彦福．中国科技企业孵化器的发展及新趋势［J］．科学学研究，2002，20（2）：198-201.

[91] 林强．基于新创企业绩效决定要素的高科技企业孵化机制研究［D］．北京：清华大学，2003.

[92] 刘成梅，蔡建峰．孵化网络影响高层次人才创业绩效的机理研究［J］．科学学研究，2016，34（11）：1672-1679.

[93] 刘刚，李强治．我国孵化器的功能演化和快速成长的机制研究［J］．科学学与科学技术管理，2014，35（5）：147-155.

[94] 刘红丽．企业孵化器知识网络中的知识转移研究［D］．上海：华东理工大学，2014.

［95］刘锦英．企业规模与创新绩效关系的实证研究：基于中国光电子产业的分析［J］．软科学，2010，24（4）：20-23.
［96］刘平．科技企业孵化器网络行为与孵化绩效的关系研究［D］．杭州：浙江大学，2012.
［97］刘萍．企业孵化器的相关理论综述［J］．山西经济管理干部学院学报，2010，18（2）：36-38.
［98］刘思明．中国区域创新能力驱动因素研究［D］．北京：中国人民大学，2012.
［99］刘晓英．科技企业孵化器集聚、效率与空间关联性［D］．天津：天津大学，2014.
［100］刘艳莉．我国科技企业孵化器的系统运行机制与绩效评价研究［D］．哈尔滨：哈尔滨工程大学，2009.
［101］刘艳莉．我国科技企业孵化器发展存在的问题及对策［J］．边疆经济与文化，2011（4）：15-16.
［102］罗峰．企业孵化器商业模式价值创造分析［J］．管理世界，2014（8）：180-181.
［103］吕波．国内虚拟孵化器的理论与实践发展新动向研究［J］．中国商论，2014（9）：174-176.
［104］吕波．“互联网+”下创业虚拟孵化的叠圈效应［J］．人民论坛，2015（30）：62-63.
［105］吕达．中部地区科技企业孵化器运行效率评价研究［D］．武汉：华中科技大学，2010.
［106］马凤岭，陈颉．基于扎根理论的孵化器商业模式演进机制研究［J］．科学学与科学技术管理，2014（5）：130-136.
［107］马凤岭．科技企业孵化器理论与实务［M］．北京：科技文献出版社，2008.
［108］马瑜．新型农村社会养老保险的政策效应评估［J］．中国物价，2016（11）：79-81.
［109］马玉琪，扈瑞鹏，赵彦云．财税激励政策对高新技术企业研发投入影响效应分析——基于广义倾向得分法的实证研究［J］．中国科技论坛，2017（2）：143-149.
［110］庞瑞芝，李鹏，李嫣怡．网络视角下中国各地区创新过程效率研究：基于我国八

大经济区的比较［J］. 当代经济科学，2010，32（6）：56-65.

［111］钱平凡. 孵化器运作的国际经验与我国孵化器产业的发展对策［J］. 管理世界，2000（6）：78-84.

［112］阮晓东. 从车库咖啡看新型孵化器如何引领创业［J］. 新经济导刊，2015（5）：63-67.

［113］盛锁，杨建君，刘刃. 市场结构与技术创新理论研究综述［J］. 科学学与科学技术管理，2006，27（4）：92-97.

［114］石俊国，卢沙沙，惠士友. 研发强度、商品化程度与创业绩效：基于2007—2012年创业板制造业企业的实证分析［J］. 产经评论，2014，5（2）：47-57.

［115］宋清，金桂荣，赵辰，等. 科技企业孵化器绩效的影响因素实证研究［J］. 中国科技论坛，2014（10）：120-125.

［116］宋伟，李敏思，葛章志. 长江经济带科技企业孵化器效率差异比较［J］. 西北工业大学学报（社会科学版），2016，36（3）：44-50.

［117］孙早，宋炜. 企业R&D投入对产业创新绩效的影响：来自中国制造业的经验证据［J］. 数量经济技术经济研究，2012（4）：49-63.

［118］唐丽艳，周建林，王国红. 社会资本、在孵企业吸收能力和创新孵化绩效的关系研究［J］. 科研管理，2014，35（7）：51-59.

［119］唐明凤，李翠文，程郁. 基于创新工厂案例的新型孵化器商业模式研究［J］. 科研管理，2015（s1）：102-109.

［120］王飞燕. 甘肃省工业企业创新情况调查分析［D］. 兰州：兰州财经大学，2017.

［121］王国红，贾楠，邢蕊. 创新孵化网络与集群协同创新网络的耦合研究［J］. 科学学与科学技术管理，2013（8）：73-82.

［122］王国红，王景霞，邢蕊. 面向集群中小企业的创新孵化网络发展路径研究［J］. 科技进步与对策，2015（1）：94-97.

［123］王汉光. 科技企业孵化器网络化运营创新研究［D］. 武汉：武汉理工大学，2012.

［124］王红卫. 科技企业孵化器服务创新对孵化企业绩效影响研究［D］. 杭州：浙江大学，2008.

［125］王康，周孝. 企业R&D投入对技术创新绩效的非线性影响：基于微观数据的实证分析［J］. 统计与信息论坛，2017（12）：86-93.

[126] 王磊，范超．购买力平价与汇率背离原因研究［J］．数量经济技术经济研究，2013（11）：125-143.

[127] 王利．企业创新驱动增长的测度与实证分析［J］．统计研究，2015，32（8）：62-68.

[128] 王利军，王君，李苏．我国科技企业孵化器的现状、问题及对策分析［J］．特区经济，2013（11）：157-158.

[129] 王路昊，王程韡．孵化器的概念及其角色演变：基于《人民日报》数据库的扎根理论分析［J］．科学学研究，2014，32（4）：493-500.

[130] 王是业，武常岐．孵化支持会促进创业企业增加研发投入吗？——在孵企业研发人力资源的调节作用［J］．研究与发展管理，2017，29（2）：20-28.

[131] 王水莲．国内孵化器研究文献综述：1989—2012［J］．兰州文理学院学报（社会科学版），2013，29（4）：9-13.

[132] 王希良．科技企业孵化器绩效评价研究［D］．天津：天津大学，2012.

[133] 王勇．专业孵化器运作的国际经验与启示［J］．经济论坛，2011（9）：136-137.

[134] 王兆群，胡海青．孵化器控制力、企业柔性与创新孵化绩效关系研究［J］．科技进步与对策，2017，34（14）：9-15.

[135] 王志高，王如玉，梁琦．企业创新成功率与城市规模［J］．统计研究，2016，33（7）：55-63.

[136] 文飞兵．基于创新市场失灵的企业孵化器机理研究［D］．广州：暨南大学，2009.

[137] 吴丰华，刘瑞明．产业升级与自主创新能力构建：基于中国省际面板数据的实证研究［J］．中国工业经济，2013（5）：57-69.

[138] 吴建銮，赵春艳，南士敬．国家级孵化器能否提升科技企业研发效率：基于倾向得分匹配法的验证［J］．科技进步与对策，2017，34（10）：76-82.

[139] 吴文清，马赛翔，刘晓英．科技企业孵化器集聚及效率与空间关联研究［J］．天津大学学报（社会科学版），2016，18（3）：206-210.

[140] 吴延兵．企业规模、市场力量与创新：一个文献综述［J］．经济研究，2007（5）：125-138.

[141] 吴延兵．中国哪种所有制类型企业最具创新性［J］．世界经济，2012（6）：

3-29.

[142] 吴翌琳，谷彬. 创新支持政策能否改变高科技业融资难问题［J］. 统计研究，2013，30（2）：32-39.

[143] 项国鹏，黄玮. 创业扶持方式与新创企业绩效的关系研究［J］. 科学学研究，2016，34（10）：1561-1568.

[144] 项云帆. 研发强度对上市公司市场价值的门槛效应［J］. 科技进步与对策，2015（11）：83-86.

[145] 邢蕊，王国红. 创业导向、创新意愿与在孵企业创新绩效：孵化环境的调节作用［J］. 研究与发展管理，2015，27（1）：100-112.

[146] 徐丽娜. 创新价值链视角下企业创新对生产效率的影响研究：以江苏省为例［D］. 南京：东南大学，2017.

[147] 徐菱涓，王正新，李东. 我国科技企业孵化器绩效评价的理论基础研究［J］. 科学学与科学技术管理，2009，30（7）：29-31.

[148] 许明，刘亮. "新农保"影响了老人的健康绩效吗？——来自中国老年健康影响因素跟踪调查的证据［J］. 统计与信息论坛，2016，31（11）：87-94.

[149] 闫强，朱平芳. 企业研发强度影响因素的删失分位点分析［J］. 科学学研究，2014，32（5）：735-743.

[150] 杨添龙. 企业生命周期理论应用：A 公司成长分析［D］. 厦门：厦门大学，2007.

[151] 佚名. 创新的统计界定及相关统计概念［J］. 统计科学与实践，2014（12）：62-63.

[152] 易靖韬，张修平，王化成. 企业异质性、高管过度自信与企业创新绩效［J］. 南开管理评论，2015，18（6）：101-112.

[153] 殷群，张娇. 长三角地区科技企业孵化器运行效率研究：基于 DEA 的有效性分析［J］. 科学学研究，2010，28（1）：86-94.

[154] 殷亚文. 专业孵化器绩效的实证研究［D］. 北京：北京邮电大学，2015.

[155] 余泳泽，刘大勇. 我国区域创新效率的空间外溢效应与价值链外溢效应：创新价值链视角下的多维空间面板模型研究［J］. 管理世界，2013（7）：6-20.

[156] 余泳泽. 中国区域创新活动的"协同效应"与"挤占效应"：基于创新价值链视角的研究［J］. 中国工业经济，2015（10）：37-52.

[157] 张力，戚汝庆，周勇涛．在孵企业成功毕业的影响因素：基于孵化互动视角的研究［J］．科学学研究，2014，32（5）：758-766.

[158] 张良强，刘秋娟．中国省域科技企业孵化器发展绩效的空间差异分析［J］．中国石油大学学报（社会科学版），2017，33（4）：21-27.

[159] 张玮．江苏省科技企业孵化器发展的特色做法与成效［J］．改革与开放，2012（18）：78-78.

[160] 张燕，谢建国．区域贸易协定的缔结降低了成员国的反倾销威胁吗——以中国为例［J］．国际贸易问题，2011（8）：122-131.

[161] 章涛．区域间孵化器效率研究［D］．杭州：浙江工商大学，2017.

[162] 赵黎明，张玉洁．基于外部治理的虚拟孵化器与创投的合作研究［J］．科学学与科学技术管理，2011，32（11）：100-104.

[163] 赵彦云，王康，邢炜．转型期中国省际经济波动对经济增长的空间溢出效应［J］．统计研究，2017，34（5）：3-16.

[164] 郑文平，张冬洋．全国文明城市与企业绩效：基于倾向性匹配倍差法的微观证据［J］．产业经济研究，2016（5）：37-46.

[165] 周芳，赵彦云．基于 CDM 模型的信息服务业与制造业创新过程比较［J］．统计研究，2014，31（8）：24-30.

[166] 周芳．创新系统视角下的中国创新过程、创新扩散及创新网络的实证研究［D］．北京：中国人民大学，2014.

[167] 朱平芳，罗翔，项歌德．中国中小企业创新绩效空间溢出效应实证研究：基于马克思分工协作理论［J］．数量经济技术经济研究，2016（5）：3-16.

[168] 朱云浩．科技企业孵化器效率及对区域创新经济的影响研究［D］．合肥：中国科学技术大学，2014.

[169] 邹国平，刘洪德，王广益．我国国有企业规模与研发强度相关性研究［J］．管理评论，2015，27（12）：171-179.

重要术语索引表